CRESCER EM COMUNHÃO
CATEQUESE PARA GRUPOS DE CONVIVÊNCIA PÓS-CRISMA

Livro do Crismado

Maria do Carmo Ezequiel Rollemberg

Petrópolis

© 2015, Editora Vozes Ltda.
Rua Frei Luís, 100
25689-900 Petrópolis, RJ
www.vozes.com.br
Brasil

Todos os direitos reservados. Nenhuma parte desta obra poderá ser reproduzida ou transmitida por qualquer forma e/ou quaisquer meios (eletrônico ou mecânico, incluindo fotocópia e gravação) ou arquivada em qualquer sistema ou banco de dados sem permissão escrita da editora.

Imprimatur

+ José Ant. Peruzzo

Dom José Antônio Peruzzo
Bispo da Diocese de Palmas e Francisco Beltrão
Responsável pela Animação Bíblico-Catequética no Regional Sul II – CNBB
Janeiro de 2015

Diretor editorial
Frei Antônio Moser

Editores
Aline dos Santos Carneiro
José Maria da Silva
Lídio Peretti
Marilac Loraine Oleniki

Secretário executivo
João Batista Kreuch

Revisão: Editora Jardim Objeto
Projeto gráfico e diagramação: Ana Maria Oleniki
Capa: Ana Maria Oleniki

ISBN 978-85-326-4987-4

Editado conforme o novo acordo ortográfico.

Sumário

Apresentação, 5

Aos crismados, uma palavra, 7

Celebração: COMO É BOM ESTARMOS AQUI!, 8

1. UMA PROPOSTA SÉRIA, COM NOME E AUTORIDADE!, 11
   Uma proposta de vida

2. O GRANDE PRESENTE DE AMOR DE DEUS, 16
   A vocação de filhos de Deus

3. EU SOU SANTO, 21
   A marca dos filhos de Deus

4. COMO DISCÍPULO, VENHO SERVIR, 26
   A atitude dos filhos de Deus

5. SIM, EU QUERO!, 31
   Ouvir, aceitar, assumir

Celebração: AS SETE PALAVRAS DE MARIA, 36

6. PASSEMOS PARA A OUTRA MARGEM!, 42
   Confiar sempre

7. ESCOLHO ISTO OU AQUILO?, 46
   Fazer a melhor escolha

8. EU, ELE, VOCÊ, NÓS, 51
   Não somos sozinhos!

9. DÁ PARA FAZER UM MUNDO DIFERENTE?, 56
   Construindo um mundo novo

10. ÉS TU, JESUS?, 60
    Deus está no outro

11. IGREJA, PARA QUÊ?, 65
   Ação e missão para os homens e o mundo

Celebração: NÃO TENHAM MEDO!, 70

12. SOU LIVRE PARA FAZER O QUE QUERO?, 74
   Somos livres para viver

13. POLÍTICA SIM. POR QUE NÃO? 78
   Realizar o bem de todos

14. PRECONCEITO? JAMAIS!, 83
   Todos somos iguais

15. É CONTRA A VIDA? TÔ FORA!, 87
   A vida em primeiro lugar

16. SOU CIDADÃO DOS CÉUS NO MEIO DO MUNDO, 92
   Fazer tudo para a glória de Deus!

Celebração: TU OLHAS PARA MIM, EU OLHO PARA TI, 97

Apresentação

Queridos crismados,
Prezados pais e familiares,
Estimados catequistas-animadores.

Chegou a hora de retornarmos ao caminho. Podemos dizer que foi um longo percurso, marcado por muitas reuniões de estudos, de reflexões e de orações. Foi justamente este o ritmo daqueles que se empenharam em preparar estes livros de catequese que fazem parte da "Coleção Crescer em Comunhão". São páginas portadoras de preciosos conteúdos, expostos com cuidados didáticos e com muita sensibilidade pedagógica.

Também podemos dizer que seus autores trabalharam com muita dedicação, tendo os olhos fixos em vocês, queridos crismados, e em tudo que lhes diz respeito: sua idade, seus interesses, suas necessidades. Também não deixaram de olhar para vocês, catequistas, reconhecendo suas experiências e o anseio de fazer ecoar e ressoar a Palavra de Deus.

A vocês, prezados pais e familiares, recordo-lhes que, em catequese, nada é tão decisivo quanto o interesse e a participação de vocês. Seu testemunho de fé e seu entusiasmo pela formação catequética de seus filhos farão com que eles percebam a grandeza do que lhes é oferecido.

Agora, pronta a obra, é chegada a hora de entregá-la aos destinatários. É um bom instrumento, de muita utilidade. Mas a experiência de fé vem de outra fonte, do encontro com Jesus Cristo. Por Ele vale a pena oferecer o melhor para, juntos, crescermos em comunhão.

D. José Antônio Peruzzo
Bispo da Diocese de Palmas e Francisco Beltrão
Responsável pela Animação Bíblico-Catequética no
Regional Sul II - CNBB

Aos crismados, uma palavra

Ser crismado é ser alguém que traz a marca de Cristo e mostra que vale a pena buscar uma vida feliz. É querer lutar por um mundo onde todos têm o mesmo valor e as diferenças são respeitadas. É saber que Jesus olha para você e lhe diz: "Vem, segue-me!". Ser crismado é encantar-se por Jesus e ter audácia e entusiasmo para ser sua testemunha.

Este texto foi escrito pensando em vocês, queridos crismados, que olham para a vida que se estende a sua frente com alegria, ansiedade, dúvida e, principalmente, esperança. Aqui vocês encontrarão pistas para a caminhada que irão fazer, descobertas com a companhia de um grupo de amigos cristãos e a Palavra de Deus. Porque é assim que o Senhor costuma revelar seus caminhos – por meio da sua Palavra e em comunidade.

Nossa proposta é um convite a procurar Jesus, caminhar com Ele e continuar a percorrer novos caminhos ao seu lado. Queremos ajudá-los a tornarem-se membros conscientes e participantes da comunidade cristã, como verdadeiros discípulos de Jesus Cristo. Não vamos oferecer conhecimentos teóricos, porque quando se trata de Jesus, não vale a teoria, mas a experiência. Este texto está marcado pelo aprofundamento da Palavra de Deus, pela participação na oração e na vida na comunidade de fé, pela busca da conversão contínua.

Parabéns pelo sim à participação nesse grupo de convivência pós-crisma! Lembrem-se de que não estão sozinhos, que Jesus não os espera no fim do caminho, porque Ele é o Caminho! E com vocês estão muitos outros crismados que também descobriram que vale a pena seguir Jesus e lutar por um mundo novo!

Que Maria, nossa mãezinha querida, esteja com vocês nessa caminhada!

Maria do Carmo Rollemberg

Celebração

COMO É BOM ESTARMOS AQUI!

ACOLHIDA

Animador: Bem-vindos, todos vocês que há pouco tempo se apresentaram diante de Deus e da comunidade, e receberam o Sacramento da Confirmação. É muito bom ter vocês aqui. Queremos que a participação de cada um neste grupo de convivência seja motivo de alegrias! Jesus Cristo nos entusiasma e dá sentido à nossa vida, Ele é capaz de despertar em nós a vontade de buscar uma vida melhor, para nós e para os outros, e é isso que nos traz aqui. Felizes porque somos amados por Deus e chamados a testemunhar esse amor, vamos dizer a quem está perto: *que bom que você veio, como é bom estarmos aqui! E vamos saudar com aplausos a presença de cada um!*

Canto de acolhida

RECORDAÇÃO DA VIDA

Animador: Iniciemos em nome do Pai e do Filho e do Espírito Santo.

Todos: Amém.

Animador: A vida, os acontecimentos de cada dia, as pessoas que encontramos, as conquistas e as dificuldades, as lembranças da nossa história, tudo isso são sinais de Deus. Eles nos preparam para escutar e acolher a Palavra de Deus. O que podemos trazer presente da nossa caminhada na catequese, da nossa vida pessoal, da nossa comunidade?

(manifestações espontâneas)

Salmo 135(136)

Animador: Cantemos nosso louvor a Deus pelas maravilhas que Ele faz em nossa vida.

Todos: Eterna é a sua misericórdia.

ACLAMAÇÃO AO EVANGELHO

Proclamação da Palavra – Lc 10, 38-42

Animador: Jesus sempre tem uma palavra nova para nós. Palavra que ensina, ilumina nossa vida, ajuda na caminhada. Preparemos nosso coração para acolher a Palavra de Jesus.

Leitor: Proclamação do Evangelho de Jesus Cristo segundo Lucas.

Leitor: Palavra da Salvação.

Todos: Glória a vós, Senhor!

(Refrão meditativo para interiorização da Palavra proclamada)

Animador: É difícil transformar nossa vida sem experiências significativas. Para viver como discípulos de Jesus, a nossa atitude não pode ser outra: deixar-nos ficar aos pés do Mestre, ouvindo, como fez Maria no texto que ouvimos. Não podemos nos distrair com cuidados materiais ou com preocupações com as realidades terrenas. A "melhor parte", que não é tirada ao discípulo, é a escuta da palavra do Mestre. Mas é preciso cuidado! Escutar o Mestre não é passividade, nem espera inerte por alguma mudança, mas uma ação concreta e exigente pelo Reino.

(Refrão meditativo para interiorização da Palavra proclamada)

Animador: Coloque-se diante de Jesus, como Maria, no texto que foi proclamado. Imagine-se sentado aos seus pés. O que Ele diz a você? Converse com Jesus.

(Música instrumental)

Animador: Uma pergunta para sua reflexão: O que lhe parece o mais importante? Em que você está pronto a investir sua vida?

(Refrão meditativo)

PRECES

Animador: Jesus fala conosco e nos escuta. Movidos pela gratidão, rezemos, respondendo após cada prece:

Todos: Nós te damos graças e te pedimos, Senhor!

Leitor 1: Pelo amor e pela fé que crescem em nossa vida a cada dia.

Leitor 2: Por todas as pessoas que nos ajudaram a chegar até aqui.

Leitor 3: Por tua presença no meio de nós, por tua Palavra que nos sustenta na caminhada da vida.

Leitor 4: Pela pessoa que nos tornamos.

(Preces espontâneas...)

Pai-nosso

AÇÃO DE GRAÇAS

Animador: Queridos crismados, demos graças a Jesus, que nos reúne em seu Nome.

Todos: Senhor Jesus, tu nos reuniste pela força do teu amor. Obrigado(a) pela vida, por nossas famílias, pelo amor que tens por nós. Obrigado(a) pela força a cada novo dia, pela tua bondade imensa, pelas bênçãos que recebemos. Nós te damos graças, Jesus, porque somente tu dás sentido à nossa vida. Estamos aqui e queremos crescer contigo. Queremos ser construtores do teu Reino e testemunhar teu projeto de vida. Ensina-nos, Jesus, a descobrir os caminhos que devemos seguir, sem nunca perder a esperança. Amém!

BÊNÇÃO E ENVIO

Animador: O Deus da vida nos conceda a graça de vivermos em comunhão fraterna, atentos às necessidades do Reino. Que ele derrame sobre nós a sua bênção, agora e sempre. Em nome do Pai e do Filho e do Espírito Santo.

Todos: Amém!

Animador: Louvado seja Nosso Senhor Jesus Cristo.

Todos: Para sempre seja louvado.

Canto de despedida

1

UMA PROPOSTA SÉRIA, COM NOME E AUTORIDADE!

Uma proposta de vida

» Você já recebeu alguma proposta?

» Já recebeu uma proposta que compromete toda a sua vida?

> Deus tem uma proposta de vida para cada pessoa, revelada por Jesus Cristo. Aceitar tal proposta é assumir a vocação de filhos de Deus.

Deus tem uma proposta de vida para cada pessoa

Deus ama cada um de nós como seu filho predileto, com amor eterno. Ele não tem uma palavra abstrata, uma teoria para relacionar-se conosco, mas uma proposta concreta – de amor, de sentido, de missão e de vida.

Jesus é a proposta de Deus. Ouvir sua Palavra e segui-lo é nossa maneira de aceitar essa proposta.

 Como podemos construir uma resposta concreta à voz de Deus, tornando realidade nossos sonhos?

Deus tem uma dinâmica especial e muito interessante em nossa vida: Ele se revela a nós, convida-nos a escolher ouvi-lo e nos conduz. Nem sempre isso é fácil, mas Deus, que nos conhece tão bem, nos deu uma referência a ser seguida!

Jesus Cristo, referência do nosso projeto de vida

"Dele, por Ele e para Ele são todas as coisas."

Rm 11, 36

Jesus é a referência do nosso projeto de vida, pois só por Ele conhecemos a proposta de Deus que se une ao nosso projeto e pode tornar-se realidade.

Jesus é nossa referência porque Ele é a grande revelação de um projeto de vida perfeito, construído por Deus. Jesus possuía um objetivo muito claro e para realizá-lo deu passos concretos. Ele deixou-se ungir pelo Espírito Santo ao ser batizado no Jordão, retirou-se em oração para fortificar o Espírito, convidou pessoas para ensinar e, por fim, as enviou em missão.

Jesus diz 'segue-me', mas o jovem vai embora triste

Proclamação da Palavra – Mt 19, 16-22

Leia o diálogo de Jesus com o jovem rico. Imagine o jovem aproximando-se de Jesus e, depois, afastando-se cheio de tristeza. O jovem pergunta a Jesus o que é necessário para alcançar a salvação e, ao ouvir Jesus mencionar os mandamentos, orgulhosamente diz que já os observa. Jesus enxerga o coração do jovem e vai além: Ele pede o despojamento das suas seguranças (no caso daquele jovem, a riqueza material). Jesus propõe um caminho ao jovem e o desafia a mostrar que está disposto a aceitar este caminho. Mas Jesus não o obriga a segui-lo.

Você já reparou que Jesus nunca nos impõe nada?

Durante toda a sua vida entre os homens, Jesus mostra a proposta de Deus para nós e ensina como podemos assumi-la em nossa vida. Em uma passagem anterior, o evangelista Mateus nos coloca diante da confiança total das crianças (Mt 19, 13-15) na presença de Jesus. Com o diálogo de Jesus e o jovem somos levados a refletir sobre o caminho que Ele nos propõe. A todos nós é feita a proposta de seguir Jesus deixando tudo. Isso exige compreender que nossa realização não está somente em ter coisas, mas em dar sentido ao que temos, cuidando para não investir nossas forças em um projeto que não seja inspirado por Deus, sem compromisso conosco ou com o outro. As palavras de Jesus ao jovem rico nos mostram onde devemos colocar nossa segurança: não nas coisas terrenas, mas no amor do Pai! Isto é ser cristão: ser como crianças (não na ingenuidade, mas na confiança absoluta), desapegados das certezas terrenas, e colocar nossa confiança em Deus.

Jesus mostra como construir e realizar nosso projeto de vida

A todos é feita a proposta de seguir Jesus deixando tudo. Mas, às vezes, vivemos situações que dificultam aceitar tal proposta. E é aí que Jesus vem em nosso auxílio, colocando seus passos ao lado dos nossos, indicando o caminho a seguir. Ele conhece nossas dificuldades, porque Ele se fez igual a nós, sabe tudo sobre "ser humano".

Nosso projeto pessoal de vida depende do objetivo de vida que temos. Ele é construído ouvindo a voz de Jesus ao nosso lado, que nos faz pensar sobre o "afetivo" (amar, acreditar, desejar) e o "efetivo" (fazer, empenhar-se, retomar). Ter um projeto de vida é olhar para Deus e colocar a sua confiança nele, é um exercício de fé e de esperança.

Projeto Pessoal de Vida (PPV)

Imagine um projeto para sua vida em vários aspectos – pessoal, profissional, afetivo, social: é o seu Projeto Pessoal de Vida. Seu PPV é um caminho que deve ser pensado com liberdade, responsabilidade e compromisso. Mas não é um caminho definitivo, porque deve ser revisto sempre que necessário. Esse projeto o fará dialogar e relacionar-se consigo mesmo, com os outros, com o ambiente, com o transcendente.

Pense e escreva o seu PPV: comece descrevendo a si próprio, como e onde você está. Quais os seus sonhos pessoais, familiares, acadêmicos, profissionais, sociais? Quais as decisões necessárias para realizar esses sonhos? Como deve agir no seu dia a dia para alcançar seus sonhos?

Talvez seja importante escolher uma pessoa próxima, em quem confie, para ajudá-lo, escutando e acompanhando. Fique à vontade para fazer seu PPV como achar melhor: escreva, desenhe, pinte, junte fotos, recortes, enfim, ele é seu, faça do seu jeito!

Lembre-se de que seu PPV deverá ser revisto sempre que a vida trouxer mudanças. E não se surpreenda com as dificuldades do caminho. As ideias que a mídia quer impor, o tempo que parece sempre curto, a dificuldade em ter prioridades (e de lutar por elas), a ausência de espaço para se posicionar e atuar... Tudo isso vai gerar crise, você vai se encolher. Mas é exatamente nessa dinâmica que seu PPV é transformado e sua vida enriquecida.

Para meditar

Sl 118(119) – nossa intimidade com Deus

Oração da semana

Ah, Senhor, quem dera eu pudesse viver a vida que tu queres para mim! Move meus passos, Senhor, move meu coração para aceitar tua proposta de vida! A quem irei, Senhor? Só tu tens palavras de vida eterna...

O que vi e ouvi leva-me a dizer

O GRANDE PRESENTE DE AMOR DE DEUS

A vocação de filhos de Deus

> Ao nascermos, Deus nos chama à vida. Durante toda a nossa existência, Deus nos chama a ser seus filhos. Como filhas e filhos de Deus, descobrimos que o Pai amoroso sabe das nossas necessidades e nos entregamos à sua providência.

Já disseram que ser filho é reconhecer que alguém tornou nossa vida possível. É saber que alguém se alegra com nossas vitórias e se entristece com nossas derrotas.

» **P**ara você, o que é ser filho?

Deus nos chama para sermos filhos – esse é o seu projeto para nós

Assumir a vocação de filhos de Deus, a primeira vocação a que somos chamados: este é o centro do projeto de Deus para nós e o mais importante chamado que recebemos. Ele indica o que Deus quer: uma família com muitos filhos semelhantes a Jesus.

Esta é a grande mensagem de Jesus: Deus é nosso Pai. Jesus falava do Pai para aproximá-lo do povo que o escutava: "...porque o VOSSO PAI sabe do que tendes necessidade antes de lhe pedirdes" (Mt 6, 7). Ele nos ensinou a chamar nosso Deus de "Abba", que significa paizinho. Assim começa nossa intimidade de filhos com Deus!

> Será que temos consciência da importância de aceitar esse chamado a sermos filhos de Deus?

16

Jesus Cristo, nosso modelo como filhos de Deus

"Esta era a luz verdadeira... A quantos, porém, a acolheram, deu-lhes poder de se tornarem filhos de Deus."

Jo 1,9a.12a

Jesus disse que quem nele acreditasse seria chamado filho de Deus, herdeiro de Deus e coerdeiro de Cristo. E acreditar em Jesus significa viver como Ele viveu.

Como filhos de Deus, somos chamados a ser "outros cristos", isto é, a ter as atitudes e os sentimentos de Jesus, nosso irmão. São João nos fala como ser, de fato, filhos de Deus.

Praticando o amor e a justiça: "Nisto se revelam os filhos de Deus e os filhos do diabo: todo o que não pratica a justiça não é de Deus, nem aquele que não ama o seu irmão" (1Jo 3, 10).

Amando com nossas ações: "Não amemos com palavras nem com a língua, mas com ações" (1Jo 3, 18).

Tendo somente Jesus como exemplo a seguir: "Não acrediteis em qualquer espírito, mas examinai os espíritos para ver se são de Deus" (1Jo 4, 1).

O Espírito testemunha que somos filhos de Deus

Proclamação da Palavra – Rm 8, 14-17

Nossa vida cristã é marcada por um esforço constante de romper com o que não é inspirado por Deus. O apóstolo Paulo é claro ao dizer que os filhos de Deus são identificados como aqueles que se deixam conduzir pelo Espírito do próprio Pai. Cabe a nós usar nossa liberdade para lhe dar nosso sim, pois vivendo conforme a sua vontade, somos, de fato, filhos de Deus.

Somos filhos de Deus, nossa dignidade e compromisso!

17

Ser filho de Deus é origem da nossa dignidade, motivo de nossa alegria. Mas é, também, razão do nosso compromisso. O que isso significa?

Em tudo o que fizermos, deve aparecer nossa dignidade de filhos de Deus. No estudo ou no trabalho, na dedicação à família, no zelo com os pais, na atenção àqueles com quem nos encontramos, em nossa comunidade, sempre deve aparecer quem é nosso Pai. Isto não é fácil! Mas podemos ter certeza que sempre contamos com seu auxílio.

Deus é Pai, nós somos seus filhos

Deus é cheio de compreensão para conosco. Ele quer que sejamos filhos, não escravos ou pessoas indiferentes a Ele. Deus nos quer próximos, participando da sua intimidade.

Como podemos fortalecer nosso relacionamento com Deus, nosso Pai?

> Palavras que fortalecem

Vamos conversar sobre nossa relação filial com Deus. Para isso, vamos ler a história de Rafael e, em seguida, em grupos, cada um receberá uma palavra-chave. Alguns irão conversar colocando-se no lugar de pais; outros, como filhos. Ao final, faremos uma grande discussão sobre o tema: Como posso assumir minha vocação de filho de Deus e, assim, fortalecer e aprofundar minha relação com Ele?

Rafael tentava mover seu armário, com todas as suas coisas dentro. Empurra de um lado, puxa do outro, e nada. O pai, junto à porta, observa o esforço em vão do seu filho e, depois de algum tempo, pergunta:

– Filho, você está usando toda a sua força?

Rafael, irritado por não conseguir o que queria, grita:

– Estou, sim!

– Não, diz o pai. Você ainda não pediu minha ajuda!

Para meditar

1Jo 3, 1s – a vocação de filho de Deus.

Oração da semana

Pai de bondade, alegro-me por poder dizer as mesmas palavras de Jesus: Abba! Quero abrir meu coração, ouvir-vos chamar "Vem ser meu filho!" e dar minha resposta ao vosso amor. Sustentai-me, Paizinho, para que eu nunca me afaste de ti!

O que vi e ouvi leva-me a dizer

EU SOU SANTO

A marca dos filhos de Deus

Alguns pensam que ser santo é ser certinho demais ou ser fora do mundo. Outros dizem que no mundo em que vivemos é impossível ser santo.

» Afinal, o que significa ser santo?

> Todos recebemos o chamado à santidade, isto é, a saber ouvir e aceitar a vontade de Deus para nossa vida. Ser santo nos permite estar na presença de Deus. Ser santo é separar o coração e a vida para o Senhor!

Deus nos chama para sermos santos – essa é a nossa marca

Cada um de nós foi escolhido por Deus para viver uma vida santa, isto é, uma vida cheia da sua presença amorosa. Este é um projeto de amor que Deus renova sempre que dele nos aproximamos, especialmente quando procuramos os Sacramentos.

Deus nos diz que somos seus filhos amados. E mais: que devemos ser santos onde precisa haver santidade, pois a vocação à santidade não é privilégio de alguns, mas de todos nós, que somos filhos de Deus. Ele nos chama a ser santos no nosso dia a dia, nas coisas comuns que fazemos, colocando em tudo a sua marca: o amor.

Jesus Cristo, Mestre e modelo de santidade

"A vontade de Deus é que sejais santos."
1Ts 4, 3a

Deus possui atributos que expressam o seu ser: bondade, amor, retidão, conhecimento, sabedoria, justiça, santidade e tantos outros. Logo, para entendermos o sentido da santidade à qual Ele nos chama, devemos olhar para a fonte de toda santidade, que é o próprio Deus. Jesus, imagem perfeita do Pai, é nosso modelo de santidade.

Como filhos, imitadores do Pai

Proclamação da Palavra – Lc 6, 31-36

Jesus faz um longo discurso sobre o amor ao próximo e, em seguida, nos diz "Sede misericordiosos como vosso Pai é misericordioso". As palavras de Jesus devem nos incomodar, tirar-nos do nosso comodismo, fazer-nos ir além do que a lógica humana nos diz. Precisamos imitar a bondade e a atitude de perdão do Pai, que ama todos, bons e maus.

Rejeitar a santidade é rejeitar o Pai

O Papa Francisco, em sua Exortação Apostólica *Evangelii Gaudium* – a Alegria do Evangelho – afirma: "Ao lermos as escrituras, fica bem claro que a proposta do Evangelho não consiste só numa relação pessoal com Deus. E a nossa resposta de amor também não deveria ser entendida como uma mera soma de pequenos gestos pessoais a favor de alguns indivíduos necessitados, o que poderia constituir uma 'caridade por receita', uma série de ações destinadas apenas a tranquilizar a própria consciência. A proposta é o Reino de Deus (cf. Lc 4, 43); trata-se de amar a Deus, que reina no mundo. Na medida em que Ele conseguir reinar entre nós, a vida social será um espaço de fraternidade, de justiça, de paz, de dignidade para todos." (EG 180)

A santidade é um estilo de vida

É verdade que Deus nos ama tal como somos, com nossas fragilidades e limitações. Mas Ele nos quer santos, pois sabe como podemos ser mais felizes e viver em um mundo melhor. Ser santo é uma escolha que fazemos, um estilo de vida que é resultado do nosso sim a Jesus.

Jesus era incansável ao ensinar como deve ser nossa vida de filhos de Deus. Ele até deu algumas dicas sobre a santidade, e hoje vamos conversar sobre elas.

> Ser santo é não se deixar contaminar pelo mal, pelo egoísmo, pela violência, pela mentira. Jesus disse que o que sai de nós é que nos contamina. (cf. Mc 7, 15-23)

> Ser santo é amar o próximo. Jesus contou a parábola do bom samaritano para nos chamar a atenção sobre como tratamos as pessoas a nossa volta. (cf. Lc 10, 31-37)

> Ser santo é entregar-se inteiramente ao Senhor, porque não existe santidade sem pertencer a Jesus. (cf. Ef 1, 1-6)

Painel "O Querer e o Fazer"

Santo Afonso de Ligório tem um pensamento muito bonito sobre a santidade. Ele disse que devemos fazer o que Deus quer, querer o que Deus faz. Depois de entender o que é ser santo, podemos pensar sobre as palavras de Santo Afonso. Para ele, fazer o que Deus quer é seguir os ensinamentos de Jesus Cristo e querer o que Deus faz é aceitar os caminhos que Ele nos faz percorrer, confiantes em seu amor.

Vamos apresentar esse pensamento construindo um grande painel com pequenas cenas (desenhos, imagens, tirinhas, fotos...) que expressem o que é a santidade hoje.

Para meditar

Fl 1, 10 – a vocação à santidade

Oração da semana

Pai santo, concedei-me a graça de seguir firme nos passos de vosso Filho Jesus humilde, pobre, obediente, sendo fiel à minha vocação cristã para chegar à santidade a qual vós me chamastes.

O que vi e ouvi leva-me a dizer

COMO DISCÍPULO, VENHO SERVIR

A atitude dos filhos de Deus

Ser discípulo de Jesus é olhar para Ele e aprender com Ele; esta é a essência do discipulado. E quem se faz discípulo de Jesus, faz-se servo, imitando o Mestre, acolhendo os irmãos e colaborando com o Pai.

Jesus nos chama para sermos seus discípulos.

Ele nos ensina como deve ser nosso discipulado para que a proposta de Deus aconteça neste mundo.

» Qual deve ser o objetivo do discípulo de Jesus?

» É possível ser discípulo de Jesus nos dias de hoje?

Deus nos chama para servir – essa é a atitude do discípulo

Quando compreendemos e assumimos o nosso chamado como colaboradores de Deus, permitimos que Ele atue em nós, transformando-nos e fazendo-nos sempre mais parecidos com Jesus, seu Filho unigênito.

Jesus nos mostra o caminho do discipulado. Em nenhum momento Ele diz que os discípulos teriam honrarias ou que seriam poderosos. Ao contrário, Jesus diz que seus discípulos seriam perseguidos e teriam que fazer sacrifícios. Mas Ele diz, também, que Deus, nosso Pai, nos tem reservado a recompensa.

Jesus Cristo, nosso Mestre e Senhor

"Nisso conhecerão todos que sois meus discípulos: se vos amardes uns aos outros." Jo 13, 35

Na última refeição com seus discípulos, Jesus fala do amor que devem ter uns pelos outros e conclui dizendo que o amor verdadeiro e desinteressado é a marca de quem o segue. A vivência fraterna sobre a qual Jesus nos fala é aquela que busca compreender o outro, conhecer o seu coração e reconhecer suas limitações e desejos. Somos verdadeiros discípulos de Jesus se, mesmo com nossos limites, temos a vontade sincera de amar como Ele nos amou. Jesus é aquele que deve inspirar nossas atitudes neste mundo tão individualizado e tão cheio de exigências!

Seguir Jesus Cristo exige radicalidade

Proclamação da Palavra – Lc 14, 25-33

Jesus caminha para Jerusalém e, como em outros momentos, "muita gente ia com Ele". O que significa ir com Jesus? O que isso exige? Ir com Jesus, viver como cristão, não é fazer passeata com o Senhor... É colocar o amor acima de tudo! As palavras de Jesus são claras: é renúncia, luta, construção, radicalismo, realismo. Aquele que se despojou de si mesmo, deu tudo, pede a resposta, a reciprocidade e a radicalidade da entrega de vida de cada cristão.

Mas que radicalidade é essa que Jesus quer de nós?

Não é fazer coisas extraordinárias, mas fazer com alma grande pequenas coisas, pequenos gestos! Não importam nossas limitações, importa colocar amor no que podemos fazer. Isso é ser radical, é ser corajoso para seguir Jesus!

Se dissermos "Creio em Jesus Cristo, Filho Unigênito de Deus", nossa vida deve ser preenchida com gestos concretos de amor a Deus e ao próximo que revelem a radicalidade do discípulo. Jesus enfatiza a necessidade de o discípulo colocar o seguimento no centro da própria vida. Isso implica em compreender e assumir Jesus como o centro da vida cristã.

Jesus fala que devemos ter prioridades para não sermos arrastados para qualquer lado, sem saber o que queremos para nossa vida. Isso é importante: se estamos convencidos de sermos discípulos, nossa vida deve ser fundamentada em seus ensinamentos. Quem tem ouvidos, ouça!

Jesus no centro da nossa existência

Isso não é fácil! Nós somos como as multidões que ouviam a voz de Jesus sem identificá-la como a voz de Deus: há tantas vozes à nossa volta que nos confundimos e temos dificuldade em identificar o projeto de Deus que devemos seguir. Mas ou seguimos Jesus ou não o seguimos, porque não existe seguimento "mais ou menos". E isso só acontece se Jesus for o valor maior de nossas vidas, se tudo fizermos para estar com Ele. Só quem está disposto a assumir seu projeto consegue ser discípulo de Jesus!

O discípulo permanece ligado ao Senhor

A vida humana, às vezes, é comparável a uma batalha. Nessa batalha, como um rei diante de uma guerra, temos que tomar decisões. Se nos apegarmos a afetos passageiros, posição social, prestígio e poder, as críticas e dificuldades logo irão nos enfraquecer. Se tivermos coragem para fazer a experiência do Evangelho em nossa vida, faremos a experiência de um mundo novo e possível. E isso começa dentro de nós, como discípulos e discípulas do Mestre Jesus.

Atitude é tudo

Em grupos pequenos, vamos conversar sobre uma das ideias propostas a seguir, conforme os textos bíblicos indicados. Vamos procurar responder à seguinte questão: Qual a atitude do discípulo de Jesus?

1. O discípulo tem um preço a pagar: Lc 14, 26-27.33; Fl 3, 7s; Lc 9, 23-26; Mt 7, 13.
2. O discípulo prioriza o Senhor, não dá desculpas: Mt 8, 19-23; Lc 14, 16-24.
3. O discípulo afasta o que o impede de seguir o Mestre: Mt 7, 3-5; Mt 18, 8s; Lc 10, 27.

Para meditar

Sl 1, 1-4 – assumir meu discipulado.

Oração da semana

Senhor Jesus, tu sabes tudo, tu conheces tudo sobre mim. Mostra-me teus caminhos para que eu possa segui-los e ser um verdadeiro discípulo teu. Fica comigo, Senhor, e ensina-me a fazer a vontade do Pai.

O que vi e ouvi leva-me a dizer

SIM, EU QUERO!

Ouvir, aceitar, assumir

Deus precisa de pessoas que queiram dedicar seu tempo e suas forças ao trabalho pelo Reino – na família, nos ambientes de trabalho, de estudo ou de lazer.

» O que é trabalhar pelo Reino de Deus?

» Como podemos trabalhar pelo Reino de Deus?

Quem leva a sério as palavras de Jesus, procura ouvir e aceitar as suas propostas.
Quem aceita o amor de Deus em sua vida, assume ser no mundo instrumento desse amor.

Sim, Senhor, eu quero ser teu instrumento entre os irmãos!

Quem se faz discípulo de Jesus, servo de Deus e dos irmãos, faz-se também colaborador para que o projeto de amor do Pai seja concretizado.

Jesus mostrou o projeto de Deus para nós e para toda a humanidade, e nos chama a trabalhar nesse projeto. Quando respondemos sim a esse chamado devemos estar dispostos a dar o que o Senhor nos pedir. Talvez Ele nos peça, como pediu ao povo de Israel, para atravessar um deserto desconhecido. E nós podemos responder com confiança, porque Jesus mesmo garantiu: "Dai e vos será dado." (Lc 6, 38).

Jesus Cristo, Caminho, Verdade e Vida

"Jesus respondeu: 'Eu sou o caminho, a verdade e a vida.'"
Jo 14,6a

Depois da Ressurreição e Ascensão de Jesus, os apóstolos certamente passaram por momentos de incerteza e dúvida. Deviam perguntar-se: Qual o sentido de tantos ensinamentos, como colocá-los em prática, por onde seguir, como fazer? Mas as palavras de Jesus eram mais fortes e os animavam: "Eu sou o Caminho, a Verdade e a Vida"!

Jesus não se apresentou como um caminho dentre muitos, nem como um simples ponto de passagem para os homens, mas como "o" Caminho da Vida. Jesus sabe que temos contradições, dúvidas e fraquezas. Quanto a nós, sabemos que temos um exemplo a ser seguido, um exemplo no qual podemos confiar.

A quem iremos, Senhor?

 Proclamação da Palavra – Jo 6, 60-68

Ao reconhecer em Jesus palavras de vida eterna, Pedro proclama que só Jesus é capaz de acalmar nossas inquietações, de preencher-nos, de dar sentido à nossa vida. Com Ele, somos filhos amados do Pai... Longe dele, o que somos?

A pergunta de Pedro é ainda atual, porque neste mundo moderno, cheio de individualismo, muitas pessoas se sentem vazias, vivem inquietas e não enxergam o sentido da sua existência. E as palavras de Jesus ainda hoje nos provocam a fazer uma escolha: "ir embora" ou aceitar a proposta de Jesus?

Ele tem uma proposta radical, que leva a uma opção de fé e que implica em doação, serviço, mudança de vida. Para muitos, são palavras duras, difíceis de serem traduzidas em atitudes e tornarem-se vida. Mas para quem faz a opção de seguir Jesus, ser seu discípulo, colocá-las em prática é fazer a experiência de colocar-se a serviço do Reino, de uma nova humanidade vivenciada e anunciada por Jesus. É buscar novas formas de solidariedade, de testemunho, de fé comprometida, alegre e audaciosa. E é aí que, muitas vezes, sentimo-nos sem forças para avançar, sem garantias de sucesso. A única garantia que temos é a Palavra que nos convoca e anima a seguir adiante...

Jesus tem palavras de vida eterna!

Sobre as palavras de vida eterna, Jesus Cristo afirmou: "A vida eterna é esta, que conheçam (...) a Jesus Cristo, a quem enviaste" (cf. Jo 17, 3). Essa afirmativa nos leva a entender que só Jesus tem palavras de vida eterna – porque trazem vida interior, animam os cansados e abatidos, dão sentido novo ao nosso viver. Palavras de vida eterna não são um selo que ao morrermos nos levará para o céu. Não! Palavras de vida eterna significam trazer a eternidade para a nossa vida hoje, dar sentido à nossa vida, não deixar que ela seja ofuscada ou que nos seja tirada a alegria, mesmo diante de situações difíceis. Entender que só Jesus tem palavras de vida eterna nos leva a entender que ser cristão, como afirmou o Papa Emérito Bento XVI, não é uma ideia genial nem um manual de bom comportamento, mas o encontro com uma Pessoa que dá sentido, forma e cor à vida (cf. Deus Caritas est 1). *Ser cristão é seguir, viver e caminhar como Jesus ensinou. É orientar para Ele e com Ele a caminhada pessoal. E assim entender a afirmação de Jesus: "Eu sou o Caminho, a Verdade e a Vida" (Jo 14, 6) para assumir a missão de anunciar a sua mensagem e trabalhar na construção do Reino.*

Cristão é quem tem uma relação de amor com Jesus

O mundo precisa de pessoas que lhe falem de um Deus que eles conheçam e lhes seja familiar como se eles vissem o invisível (cf. EN 76). Nós recebemos de Deus a graça especial de poder escutá-lo e cabe a nós anunciar sua Palavra na realidade em que vivemos, sem esquecer que a credibilidade desse anúncio depende da coerência de nossa vida com essa Palavra. Estar a serviço de Deus, deixar-se servir por Ele, deixar que Ele se sirva de nós para servir outros, isso é o melhor que pode acontecer conosco!

Palavras de vida eterna

Vamos formar três grupos e fazer uma dramatização. Cada grupo deverá produzir uma cena muda com o título "Palavras de vida eterna" para um público particular. O grupo 1 irá produzir a cena para pais; o grupo 2, para crianças; o grupo 3, para adolescentes e jovens. Cada grupo deverá preparar o roteiro, ensaiar sua cena e, também, escolher a trilha sonora. Após a apresentação dos grupos, vamos partilhar essa experiência.

Para meditar

Sl 39(40) – o trabalho pelo Reino de Deus.

Oração da semana

Meu Deus, ajudai-me a reconhecer que esperais uma resposta minha que ninguém pode dar em meu lugar. Se me chamais, Senhor, quero, com a vossa graça, ser vosso instrumento em cada lugar onde eu estiver!

O que vi e ouvi leva-me a dizer

Celebração

AS SETE PALAVRAS DE MARIA

ACOLHIDA

Animador: No mundo atual, tudo acontece com muita rapidez. Na cidade ou até mesmo no campo o ritmo de vida é acelerado. Nas cidades, para muitas pessoas, a rotina é levantar cedo, comer depressa, enfrentar o trânsito, trabalhar ou estudar, chegar tarde a casa. Nossa casa não é mais um lugar sossegado, porque vivemos cercados de sons – TV, rádio, games, vídeos... Com tanta agitação, tanto barulho, é difícil parar, sossegar, escutar nossa voz interior. Maria, mãe de Jesus, era diferente. A virtude de Maria mais destacada nos evangelhos é o silêncio e com ela devemos aprender a arte de silenciar, que nos leva à escuta dedicada da Palavra de Deus e nos chama ao acolhimento e à vivência dessa Palavra.

Canto de acolhida

Animador: Em nome do Pai e do Filho e do Espírito Santo.

Todos: Amém.

Animador: A graça e a paz de Deus, nosso Pai, e de Jesus Cristo, nosso Senhor, estejam convosco.

Todos: Bendito seja Deus que nos reuniu no amor de Cristo!

Animador: Maria participou plenamente do projeto de Deus, ela é a participação da natureza humana em Jesus, como foi da vontade de Deus. Maria viveu esse mistério de amor e nos deu um exemplo: ela guardava todos os fatos e meditava sobre eles em seu coração. Os Evangelhos mostram poucas ocasiões em que Maria fala. Nossa experiência de oração hoje vai ser uma meditação sobre essas palavras de nossa mãe Maria.

Refrão meditativo

Leitor 1: "Maria perguntou ao anjo: "Como acontecerá isso, pois não conheço homem?"(Lc 1, 34)

Animador: O mensageiro de Deus anuncia que Maria será a mãe do Filho de Deus, sem dúvida, a maior graça que ela poderia receber. Maria questiona, preocupada, sabedora das dificuldades que teria que enfrentar. Não duvida do poder de Deus, mas tem consciência do julgamento humano. Sua primeira atitude foi de escuta da vontade do Pai. Podemos pensar que foi fácil para Maria, afinal, um anjo disse qual era o plano de Deus para ela! E quantos anjos já passaram pela nossa vida trazendo pistas da vontade de Deus para nós? Quantos anjos terão que passar por nós para acreditarmos que Deus tenta nos fazer ver sua vontade? Maria era diferente, estava aberta à vontade de Deus. E nós, como nos comportamos diante da vontade do Pai?

Refrão meditativo

Todos: Obrigado, Senhor, porque quisestes a colaboração humana para realizar vosso projeto de amor. Obrigado porque escolhestes Maria como vossa discípula perfeita. Que sempre busquemos aprender com Maria, mãe de vosso Filho Jesus e nossa mãe, a ouvir, confiar e aceitar vosso plano para nossa vida.

Canto (estrofe de um canto mariano)

Leitor 2: "Disse então Maria: 'Eis aqui a serva do Senhor. Aconteça comigo segundo tua palavra!'" (Lc 1, 38)

Animador: Maria compreendeu e acreditou que aquele era o plano de Deus para a sua vida. Ela deu o seu sim, de corpo e de alma, aceitando colaborar com o projeto de amor de Deus. Dizendo-se "serva do Senhor", Maria se reconhece pequena diante do Deus verdadeiro. Dizendo "faça-se em mim", ela mostra adesão, disposição, decisão por inteiro. Deus olhou para Maria e a escolheu. Ele também olha para nós e nos escolhe. Precisamos ter um coração sempre pronto a dizer o nosso sim a Deus, como fez Maria. Ela confiou totalmente. E nós?

Refrão meditativo

Todos: Perdão, Senhor, por nos fazermos cegos e surdos diante dos sinais da vossa vontade, que estão diante de nós. Perdão pelas desculpas que criamos para não dar o nosso sim aos vossos planos. Concedei que, a exemplo de nossa mãe Maria, saibamos aceitar o desafio do vosso projeto para nossa vida.

Canto (estrofe de um canto mariano)

Leitor 3: "Naqueles dias, Maria se pôs a caminho e foi apressadamente às montanhas, para uma cidade de Judá. Entrou em casa de Zacarias e saudou Isabel." (Lc 1, 39s)

Animador: Duas mães, com idades diferentes, o plano de Deus que se cumpre em duas realidades distintas. Elas se encontram e fazem desse encontro um grande hino de louvor ao Senhor. Maria diz sim à vontade de Deus e sua adesão se traduz em decisão e desejo de ajudar quem precisa. Maria vai ao encontro de Isabel, viaja por estradas difíceis, mas experimenta a alegria de poder colocar-se a serviço. Ela, a Senhora, a mãe de Deus, faz-se serva. Como nos sentimos mais confortáveis: como quem serve ou como quem deve ser servido?

Refrão meditativo

Todos: Mãe Santíssima, ao visitar vossa prima Isabel demonstrastes alegre e corajosa caridade. Sede nossa inspiração e despertai em nós o mesmo espírito que vos levou a percorrer caminhos difíceis, para que sempre busquemos fazer o bem. Assim como fostes ao encontro de Isabel, vinde também visitar-nos e ajudar-nos a ter Jesus em nosso coração. Olhai por nós, mãezinha querida, como filhos e filhas que a vós se confiam. Ave Maria...

Canto (estrofe de um canto mariano)

Leitor 4: "Então Maria disse: Minha alma engrandece o Senhor e rejubila meu espírito em Deus, meu Salvador, porque olhou para a humildade de sua serva. Eis que de agora em diante me chamarão feliz todas as gerações, porque o Poderoso fez para mim grandes coisas: O seu nome é santo." (Lc 1, 46-49)

Animador: Quando Maria rompe o silêncio, canta ao seu Senhor de maneira incontida, emocionada. É adoração, louvor e exaltação brotando do coração de Maria para aquele a quem ela se entregou totalmente. Por causa de sua humildade, Deus fez tudo em Maria e por meio dela. Maria engrandece o Senhor, deseja que Ele seja grande no mundo, na sua vida, em nossa vida. Maria tem o coração cheio de fé e de esperança em Deus, tem o coração agradecido ao Senhor e reconhece as maravilhas que Ele fez em favor da humanidade. E nós, agradecemos tudo o que Deus tem feito em nossas vidas?

Refrão meditativo

Todos: Virgem Santa, despertai em nós uma conversão sincera a vosso filho Jesus e um amor incondicional a nosso Pai. Transformai-nos para sermos discípulos de vosso Filho, e não discípulos do mundo. Rogai por nós, mãe de misericórdia, intercedei por nós para alcançarmos a graça da vida eterna. Ave Maria...

Canto (estrofe de um canto mariano)

Leitor 5: "Quando o viram, ficaram admirados e sua mãe lhe disse: 'Filho, por que agiste assim conosco? Olha, teu pai e eu, aflitos, te procurávamos.'" (Lc 2, 48)

Animador: Maria é a discípula autêntica que acredita e vive com confiança total em todos os acontecimentos, dos mais corriqueiros aos mais dolorosos e difíceis. As palavras que Maria dirige a Jesus expressam a dor e a aflição naturais de uma mãe ao não encontrar seu filho. Mas o coração imaculado de Maria, um coração onde não há qualquer dúvida em relação a Deus, tudo aceita e guarda com docilidade amorosa. O evangelista Lucas diz que Maria e José não compreenderam as palavras de Jesus. Nós, também, muitas vezes não compreendemos as palavras que Ele nos dirige. Aceitamos, com a mesma entrega de Maria?

Refrão meditativo

Todos: Mãe Maria, em vosso coração de mãe, a preocupação e o cuidado não descansavam. Em vosso coração de quem soube assumir incondicionalmente a vontade do Senhor, a confiança e a aceitação habitavam. Quantas vezes, mãe admirável, guardastes palavras que não foram entendidas, com a certeza de que estavam no plano de Deus para sua vida, para nossa vida? Ensinai-nos a ter em nós as vossas atitudes de aceitação e de confiança.

Canto (estrofe de um canto mariano)

Leitor 6: "Tendo acabado o vinho, a mãe de Jesus lhe disse: 'Eles não têm mais vinho!'" (Jo 2, 3)

Animador: Maria vai ao encontro de Jesus. Não pede nada, apenas apresenta um fato: "Eles não têm mais vinho". Mas sua afirmação parece um pedido carregado de confiança. Jesus fica sabendo o que está acontecendo, a necessidade é urgente. Ninguém pede a Maria que interceda junto a Jesus pelos noivos. Mas ela, compadecida, assume, por iniciativa própria, o papel de intercessora e pede ao filho o milagre. O que ela não fará quando lhe pedirmos sua intercessão? O que não fará quando lhe dissermos "Maria, rogai por nós"?

Refrão meditativo

Todos: "Mãe, se sentires que meu vinho vai acabar – e há bocas sempre mais numerosas e sempre mais sedentas a atender – pede a teu Filho que a água das minhas fontes valha vinho e desperte sede da água-viva que é Cristo." (D. Hélder Câmara)

Canto (estrofe de um canto mariano)

Leitor 7: "Sua mãe disse aos que estavam servindo: Fazei tudo o que ele vos disser." (Jo 2, 5)

Animador: Maria faz as coisas acontecerem. Intercessora e mediadora, diz ao filho que falta algo essencial para a festa. Aos serventes, expressando o que tem em seu coração, ela dá uma ordem: "Fazei tudo o que ele vos disser". Ela prepara seus corações e mentes para acolher Jesus. É preciso escutar Jesus, fazer o que Ele diz. Maria leva os serventes a Jesus, e eles aprendem a ser discípulos pondo em prática suas palavras. Este é o papel de Maria: dar Jesus ao mundo e apresentar o mundo a Jesus. Hoje também Maria nos fala como aos serventes do casamento em Caná. E como reagimos?

Refrão meditativo

Todos: Maria, auxiliadora dos cristãos, obrigado por vossa presença em minha vida, indicando o caminho que me leva a vosso filho Jesus. Obrigado por vosso cuidado de mãe, que nunca abandona seus filhos. Sou vosso, mãezinha querida. Confiante, consagro-me inteiramente à vossa proteção.

Canto: Consagração a Nossa Senhora

Animador: Pela intercessão de nossa mãe Maria, a bênção de Deus Todo-poderoso Pai e Filho e Espírito Santo desça sobre todos nós e permaneça para sempre.

Todos: Amém.

Canto Final (canto mariano)

PASSEMOS PARA A OUTRA MARGEM!

Confiar sempre

> O cristão confia nas vitórias, nas lutas e dificuldades, e sabe que quando a capacidade humana fracassa, Jesus intervém. Porque para Ele nada é impossível.

Diante de dificuldades, podemos desanimar, talvez até pensar que os problemas são maiores do que nossas forças.

» **S**entimos a presença de Jesus nesses momentos de "tempestade"?

» **D**emonstramos essa confiança?

Senhor, quero dormir quieto ao teu lado...

Para perceber o poder de Deus é preciso ter fé. Confiantes, poderemos dormir sob uma forte tempestade, porque nos sentiremos ao lado do nosso Senhor.

Jesus nos sustenta em cada instante da nossa vida. Quando somos capazes de olhar além das nossas limitações e das situações, quando nos abrimos à vontade do Senhor e deixamos o controle de tudo em suas mãos, Ele age em nós e transforma nossa vida.

Jesus Cristo, presença em todos os momentos

"Eis que estou convosco todos os dias, até o fim dos tempos." Mt 28, 20b

De onde nos vêm força e coragem para enfrentar desafios e momentos difíceis que encontramos pelo caminho? Da nossa fé! Quem tem fé não vacila e confia na promessa de Jesus de estar ao nosso lado em todos os momentos da vida. Por isso é importante fortalecer nossa fé pela oração, pela escuta e meditação da Palavra de Deus, pela vivência na comunidade eclesial e, principalmente, pela Eucaristia.

Quem é este a quem até o vento e o mar obedecem?

Proclamação da Palavra – Mc 4, 35-41

Jesus pergunta aos discípulos porque eles têm medo. Seria um sinal de que não têm fé no Mestre? Jesus acalma o mar e os discípulos não sabem o que dizer. Mas comentam uns com os outros: "Quem é esse homem a quem até o mar e o vento obedecem?". Essas perguntas que fazem entre si mostram que os discípulos começam a ver, naquele que domina a natureza, o Senhor. Apesar da longa convivência, não sabem direito quem é Jesus. *Quem é esse homem?* Essa pergunta hoje é nossa, nascida do desejo de entender melhor o que Jesus significa para a nossa vida.

Fé e medo não andam juntos!

Na vida podemos escolher entre ficar na margem para não correr riscos de tempestades, ajudar a criar tempestades, entrar em qualquer barco que nos prometa atravessar o mar (mesmo sem certeza disso), lutar sozinhos contra as tempestades ou confiar em Jesus e entregar a Ele nossa vida. Cada travessia pode ser difícil, mas quando a enfrentamos e chegamos ao outro lado, entendemos que Jesus estava conosco todo o tempo.

Seria mais seguro ficar na margem, mas fé não combina com medo. Sem correr riscos, não colocamos os dons que recebemos de Deus em favor de seu projeto. Que tipo de resposta seria essa ao seu amor por nós?

A fé é uma experiência de amor

Jesus não quer mostrar seu poder quando acalma a tempestade, mas o que não deve acontecer conosco nas horas difíceis. Acalmar tempestades é fácil, difícil é aquietar o coração! Porque a tempestade não tenta resistir ao Criador, mas o coração, sim. Jesus questiona o medo, a fé dos discípulos, porque o que realmente importa está dentro de nós. Ele nos chama a olhar para o nosso coração e para os nossos medos. Olhando para dentro de nós, quem sabe, um dia estaremos abraçados a Jesus em meio a uma tempestade, dormindo tranquilos junto dele...

Sessão "O nosso olhar"

Algumas histórias nos fazem refletir sobre como superar as dificuldades que a vida pode nos trazer. O cinema, com as histórias que nos apresenta, nos ajuda nessa reflexão e nos leva a buscar respostas. Vamos conhecer uma história apresentada em um filme sobre dificuldades e, em seguida, partilhar nossas ideias e sentimentos.

Para meditar

Sl 26(27) – esperança e confiança no Senhor.

Oração da semana

Jesus, eu te entrego as minhas ansiedades e dificuldades, quero descansar na certeza de que irás agir, ainda que eu não entenda. Dá-me a graça de perceber tua presença ao meu lado, sustentando-me, conduzindo-me e inspirando meu agir. Amém.

O que vi e ouvi leva-me a dizer

ESCOLHO ISTO OU AQUILO?

Fazer a melhor escolha

Nossa liberdade é uma vocação que recebemos de Deus e deve ser usada para fazer o bem e a sua vontade – "boa, perfeita e agradável" (Rm 12,2) – porque as nossas escolhas definem nossa vida e nos afastam ou nos aproximam de Deus.

Deus nos criou livres. Ele respeita a nossa liberdade e nossas escolhas, porque nos ama.

» Sabemos usar nossa liberdade?

» Em que baseamos nossas escolhas?

Deus nos criou à sua imagem e semelhança

Uma das capacidades de Deus é a liberdade de escolha. Ele deu aos homens essa mesma capacidade e, com ela, a habilidade de pensar, avaliar e tomar decisões.

Escolher uma coisa significa renunciar a outras. A vida é assim, não podemos escolher todas as possibilidades. Então, o importante é fazer as melhores escolhas. E somente nós somos os responsáveis pelas consequências de nossas escolhas, sejam elas boas ou ruins.

Jesus Cristo, fundamento de nossas escolhas

"... deixando-vos um exemplo, para que sigais os seus passos." 1Pd 2, 21b

Jesus pode fazer tudo por nós, menos tomar nossas decisões e fazer nossas escolhas. Mas Ele nos chamou para segui-lo, isto é, para sermos seus discípulos, caminhando e seguindo seus passos. Jesus nos deixou um exemplo perfeito a ser imitado nos momentos de escolha e em nossa luta diária contra as tentações.

As tentações de Jesus são as nossas tentações

Proclamação da Palavra – Mt 4, 1-11

Jesus foi tentado a deixar de lado o projeto em favor do Reino de Deus e aceitar as falsas seguranças do ter, do poder, do prazer. Estas tentações estão também presentes em nossa vida, porque, muitas vezes, substituímos Deus por situações, pessoas ou coisas, pois não admitimos que algo atrapalhe nossa satisfação pessoal. Somos tentados a gostar de ter muitas coisas e do prazer momentâneo de alimentar nosso desejo de poder.

Mas podemos olhar as tentações como boas oportunidades para nos tornarmos mais parecidos com Jesus. Na solidão do deserto, Jesus sentiu o amor incondicional do Pai e o poder desse amor. E Ele não caiu em tentação...

Qual a tua escolha, Jesus?

Para vencer o desafio das tentações e fazer as melhores escolhas em nossa vida temos o exemplo de Jesus. Um dos exemplos deixados por Ele foi o de não sermos autossuficientes, acreditando que somos capazes de fazer tudo sozinhos. Em todos os momentos de sua vida, Jesus conversava com Deus. É a oração, diálogo com o Pai.

Mas como saber o que Jesus faria em situações tão diferentes que surgem em nossa vida? Colocando-nos diante destas questões:

O que Jesus fez em situações semelhantes?
O que Jesus disse sobre esse assunto?
O que Jesus quis que fosse ensinado sobre esse assunto?

Vem comigo, Senhor!

Todos os dias fazemos escolhas simples como o que vestir ou o que comer. Mas, em algumas ocasiões da vida, temos que fazer escolhas de grande importância: namoro, matrimônio, vida profissional, vida familiar. Pensamos mais, temos mais cuidado porque podemos criar situações complicadas e indesejadas no futuro.

Deus sabe, muito mais do que nós mesmos, o que é melhor para cada um de nós. Por isso, Ele quer participar das nossas decisões. A oração nos faz perceber a melhor decisão, a escolha mais acertada, porque nos desperta para a vontade de Deus. Jesus nos ensinou a oração do Pai Nosso e nela pedimos a Deus "venha a nós o vosso reino, seja feita a vossa vontade...". Para este pedido, encontramos uma promessa segura do Pai: "Eu te farei sábio, eu te indicarei o caminho a seguir; com os olhos sobre ti, te darei conselho." (Sl 31(32), 8)

Sessão "O nosso olhar"

Vamos conversar, a partir do enredo do filme que será exibido, sobre a responsabilidade e as consequências das escolhas feitas em determinadas situações da vida e o que pode acontecer quando a escolha é baseada no benefício próprio.

Para meditar

Fl 4, 6 – a confiança em Deus.

Oração da semana

Vinde em meu auxílio, Espírito Santo, para que minhas escolhas nunca me levem à submissão ou à escravidão. Ensinai-me a dar mais valor à minha liberdade e a usá-la para construir vida em abundância para mim e para os irmãos. Amém.

O que vi e ouvi leva-me a dizer

EU, ELE, VOCÊ, NÓS

Não somos sozinhos!

Deus nos criou especiais, únicos. Cada um de nós é diferente dos outros, irrepetível, insubstituível.

» Como nos portamos diante do outro?

» Como construímos nossa rede de relações no mundo real?

> No mundo, não somos sozinhos. Nossa história é construída como uma grande teia de relações que nos ajudam a crescer como pessoas. Somos feitos para o encontro, o diálogo e para amar, porque somos imagem e semelhança de Deus.

Deus nos criou para a vida em comunidade

Deus não é um ser solitário, mas uma comunidade de pessoas: Pai, Filho e Espírito Santo. Nós, também, somos seres comunitários. Não nos realizamos nem somos felizes sozinhos. Crescemos vivendo em comunidade.

Somos filhos de Deus e Ele escolhe, dia após dia, relacionar-se conosco. Somos seres relacionais, isto é, necessitamos de interação. Não fomos criados para uma vida isolada de tudo e de todos, e nada em nossa vida é mais importante do que os relacionamentos. Ou seja: nada é mais importante do que as pessoas, porque sem elas não existem relacionamentos.

Jesus Cristo, uma vida em comunidade

"Lá, ofereceram-lhe um jantar. Marta servia, e Lázaro era um dos que estavam à mesa com ele." Jo 12, 2

Ao nascer, Jesus foi inserido em uma comunidade (Lc 2,1-7.41-52). Ao longo de toda a sua vida (Mc 3,13-19), relacionou-se com pessoas de diferentes lugares, fez amizades. Ao fim de sua vida terrena, continuou no meio das pessoas (Jo 14,1-4). E Jesus quis, também para nós, uma vida em comunidade.

Jesus, um homem de muitas relações

Proclamação da Palavra – Lc 19, 1-7

O Evangelho de Jesus Cristo é uma proposta de relacionamentos, de assumir o outro como irmão. Jesus convive com diferentes pessoas, em diferentes situações. Pessoas com sentimentos, fragilidades e capacidades, que precisam de alguém que as acolha como são. Este é o exemplo que Jesus nos dá. Fazendo-se homem igual a nós, Ele experimentou a beleza de sermos seres relacionais.

Jesus envolveu-se diretamente com o povo, mas com os doze apóstolos, Jesus conviveu intensamente. Ele tinha outros seguidores também muito próximos, como Maria, Marta e Lázaro, e relacionava-se com todos: cobradores de impostos, fariseus, pecadores, pessoas de diferentes níveis sociais e de diferentes lugares, demonstrando interesse e solicitude pelos problemas dos outros.

Os cobradores de impostos eram desprezados pelos judeus, mas Jesus toma a iniciativa de convidar-se para ir à casa de Zaqueu, sem temer críticas. Vendo-se procurado, amado, Zaqueu sente-se transformado e compreende que todas as pessoas devem ser amadas e tratadas como iguais a nós, parte de nós.

Viver é criar relações

Relacionar-se é trocar afeto e ajuda. É, também, uma maneira de nos sentirmos participantes e de contribuir com o mundo. O eu e o outro sempre se relacionam, dividindo alegrias e frustrações: compreendemos e somos compreendidos, amamos e somos amados, valorizamos e somos valorizados. Mas também rejeitamos e somos rejeitados, magoamos e somos magoados, discriminamos e somos discriminados. O outro é parte de nossa vida e nossa vida é parte do outro. Só mesmo Deus para fazer algo assim!

Precisamos e dependemos uns dos outros

Hoje, muitas vezes somos pessoas desconfiadas, fechadas em nós mesmas, até mesmo sem percebermos. Ficamos indiferentes e insensíveis, endurecemos em nosso convívio com os outros, deixamos de reconhecer em cada pessoa alguém igual a nós, um irmão. Mas, para imitar Jesus, é preciso querer bem às pessoas que nos cercam e agir em seu favor, aceitando, ajudando, encorajando e compreendendo cada uma delas (ver 1Cor 13,4).

Eu e os outros

Por meio de um sociodrama, vamos, em grupos, refletir sobre atitudes positivas e negativas nos nossos relacionamentos. Cada grupo escolhe um fato real, bem próximo à vida de todos, e constrói uma história – drama ou comédia. É preciso caracterizar bem os personagens, ordenar as cenas da história, definir os personagens de cada cena, ensaiar, preparar o cenário, escolher a trilha sonora. É importante dialogar para que os espectadores participem do sociodrama, levantando propostas para mudar a situação mostrada. Ao final das apresentações, vamos partilhar o que aprendemos com a experiência feita e os sentimentos que ela despertou em nós.

Para meditar

Sl 132(133) – a comunhão com os irmãos.

Oração da semana

São tantas as pessoas que colocais em meu caminho, Senhor! Como fez vosso Filho Jesus, quero acolhê-las com amor. Fazei-me capaz de reconhecer, em cada uma dessas pessoas, um irmão e vossa presença em minha vida. Assim seja!

O que vi e ouvi leva-me a dizer

9. DÁ PARA FAZER UM MUNDO DIFERENTE?

Construindo um mundo novo

Não nos conformarmos com esse mundo: esse é o melhor presente que podemos oferecer a Deus! Trabalhando para construir um mundo novo, fazendo em todos os momentos a sua vontade, nossa vida será sinal de amor e de transformação!

Deus criou o mundo e tudo o que nele existe, e viu que era muito bom. E criou o homem para nele habitar, formando uma grande família.

» O que aconteceu? Podemos sonhar com um mundo diferente desse onde vivemos?

» Temos esperança em um mundo melhor?

Deus não abre mão do seu projeto

O grande projeto de Deus é o seu Reino. Ele continua a chamar homens e mulheres para que se comprometam com a construção de uma sociedade mais humana e mais fraterna.

Jesus assumiu como grande tarefa anunciar o Reino de Deus, mostrando que o seu projeto para nós, seus filhos, é possível. Com seus ensinamentos, suas palavras e suas ações, Jesus mostra como podemos transformar o mundo no qual vivemos e nos chama a seguir seus passos.

Jesus Cristo, um homem apaixonado pela causa do Reino

"Hoje se cumpriu esta passagem da escritura que acabastes de ouvir." Lc 4, 21

A missão de Jesus é, agora, a nossa missão. Conduzidos pelo Espírito Santo, com nossas palavras, nossa oração e nosso testemunho, somos chamados a transformar o mundo. Jesus nos chama a sair do nosso mundinho particular e ir ao encontro do outro, daquele que precisa de uma palavra, de um gesto de carinho, de alguém que o escute ou, muitas vezes, de ações emergenciais como ajudar a cuidar da saúde de alguém, comprando remédios ou levando ao médico ou, ainda, simplesmente preparando um prato de comida para quem precisa. Muitas vezes é uma tarefa difícil. Mas Jesus nunca desistiu de anunciar o Reino e Ele nos diz para nos arriscarmos e perseverarmos em nossa busca de ajudá-lo a construir o Reino aqui e agora.

"Não vos conformeis com esse mundo"

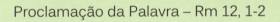

Proclamação da Palavra – Rm 12, 1-2

"Não vos conformeis com este mundo" – isto é, não tenhamos a mesma forma deste mundo. É claro que não podemos ignorar as preocupações de hoje (pobreza, doenças, desemprego, guerras, violência nas cidades...) ou o que o mundo fala. Mas pensar, ouvir, falar e fazer como o mundo é aceitar ter a mesma forma do mundo. Devemos viver no mundo, mas não para o mundo, não conformados com o mundo, mas transformados, de maneira duradoura e definitiva, de uma forma diferente: a forma de Cristo (cf. Gl 4, 19). Transformados por Cristo, não podemos simplesmente aceitar tudo o que o mundo apresenta e que contraria a vontade de Deus.

Seguir Jesus é ter as suas atitudes

O Reino é o que Jesus anuncia e vive com coerência e plenitude em todos os seus dias na Terra. Agora é a nossa vez e essa deve ser a nossa atitude: assumir a missão de Jesus e, como Ele, testemunhar a presença de Deus entre nós. Anunciar e denunciar com a nossa vida. Sem julgar, sem ter preconceitos, mas testemunhando a graça que Deus nos dá, porque o mundo precisa ver, no brilho do nosso olhar, quem é nosso Mestre.

É preciso ser diferente!

Não se conformar é agir para mudar. Se ficarmos de braços cruzados diante do que acontece ao nosso redor, tudo vai continuar como está. É preciso fazer a diferença!

Depende de nós!

Vamos fazer uma mesa redonda para debater esse tema, abordando alguns pontos importantes: acabar com a fome e a miséria, educação básica de qualidade para todos, igualdade entre sexos e valorização da mulher, reduzir a mortalidade infantil e melhorar a saúde das gestantes, combater a AIDS, a malária e outras doenças, qualidade de vida e respeito ao meio ambiente, todos trabalhando pelo desenvolvimento (cf. Oito objetivos do milênio da ONU).

Para meditar

Mt 5, 13-16 – o ser cristão.

Oração da semana

Senhor Jesus, derrama sobre mim o teu Espírito de amor para que eu seja capaz de viver, com minhas palavras e ações, aquilo que tu nos ensinaste. Que eu saiba ser sal e luz, construindo um mundo novo, casa de irmãos. Assim seja!

O que vi e ouvi leva-me a dizer

ÉS TU, JESUS?

Deus está no outro

> Jesus é radical ao falar como deve ser nossa relação com os outros. Para ele, o grande mandamento é amar o próximo como Ele nos amou. Jesus quer manifestar-se, em nós e por meio de nós, diante de cada irmão.

Deus é apaixonado por toda a humanidade. Para nós, uma maneira de viver essa paixão de Deus é lutar pela justiça e agir com misericórdia.

» O que é justiça? O que é misericórdia?

Amar a Deus e ao próximo, o sentido da vida cristã

O que realmente nos aproxima de Deus é o amor incondicional a Ele e o amor ao próximo. Sem esse amor, não adianta cumprir obrigações religiosas, ter discursos que não acontecem na prática diária, mostrar sentimentalismos ou apelos emocionais.

Nossa missão como filhos de Deus e discípulos de Jesus é testemunhar o Evangelho em todos os lugares e situações, por mais difíceis que elas nos pareçam. É anunciar o amor de Deus por todos, sem pretender qualquer recompensa: apenas nos alegramos em poder trabalhar para o bem do próximo, construindo o Reino do Senhor.

Jesus Cristo, o Mestre do Amor

"Amarás teu próximo como a ti mesmo."
Mc 12, 31

Como discípulos de Jesus, seguimos seu exemplo de amor e de misericórdia ao próximo. Jesus amou rejeitados, excluídos, humilhados, pecadores, doentes, não amados, seus inimigos. É fácil amar amigos, parentes, pessoas com quem nos sentimos bem. E não temos dúvida: bem mais difícil é amar aqueles a quem devemos perdoar, aqueles que nos prejudicaram, ofenderam ou discriminaram. Mas é exatamente esse amor que Jesus nos ensina. Quando não nos importarmos apenas conosco, começaremos a olhar com amor para nosso próximo.

Jesus, presença em cada irmão

Proclamação da Palavra – Mt 25, 34-40

Jesus convida e desafia: anunciar seu Evangelho não é repetir palavras, é agir! Esse será o critério que irá distinguir todos os seres humanos: aquilo que fazemos aos mais pequeninos.

E quem são os "mais pequeninos"? São todos os necessitados. Jesus aponta situações concretas: os famintos de alimento, de afeto, de palavras ou de quem os ouça, os que têm sede de água ou de justiça, os que não têm o que vestir, os doentes do corpo, da alma ou da mente, os presidiários nas cadeias ou em situações de exclusão. Ele nos chama a ter sua misericórdia e seu acolhimento para com todos, sem discriminação ou pré-julgamentos. Ele nos convida a assumir nossa responsabilidade e fazer tudo o que nos for possível para devolver a esses pequeninos a esperança e a dignidade de filhos de Deus.

O que fazemos, é a Jesus que o fazemos!

Diante de Deus, somos todos seus filhos: um recém-nascido e um idoso de idade avançada, um miserável e um milionário, um pecador e um justo, o mais brilhante e capacitado e o mais ignorante e despreparado. Todos, sem qualquer distinção, merecem ser tratados como alguém que é a presença de Jesus para nós no mundo.

Mais do que palavras, é preciso ter ações!

Jesus era atento às necessidades do povo, empenhado em saciar a fome de vida dos homens, preocupado em apontar o caminho para a vida plena. Seguindo os passos de Jesus, há muito que reformular em nossos pensamentos, palavras e ações. Não podemos olhar à nossa volta e esperar que outros façam aquilo que está ao nosso alcance. É preciso agir!

Jesus é verbo, não substantivo

Nosso grupo vai organizar um mutirão da solidariedade. Como primeiro passo, vamos juntos definir todas as etapas para realizar esse mutirão e escolher algumas ações que poderemos fazer para ajudar pessoas necessitadas. Cada um vai assumir uma tarefa com a qual mais se identifique: verificar as necessidades mais urgentes de algumas famílias, escrever mensagens de acolhimento e de esperança às pessoas recém-chegadas em nossa comunidade ou que estão desanimadas, fazer visitas às famílias que passam por algum problema, conseguir doações (alimentos, roupas, calçados, brinquedos, produtos de higiene pessoal), buscar encaminhamentos para solucionar problemas mais urgentes.

Para meditar

Lc 10, 25-37 – o amor ao próximo.

Oração da semana

Senhor Jesus, tu nos mostraste o caminho do amor incondicional aos irmãos. Ensina-me a olhar para os outros e neles ver a ti. Que eu tenha coragem de enxergar as necessidades daqueles que estão à minha volta e ajudá-los a sentir o teu amor. Amém.

O que vi e ouvi leva-me a dizer

IGREJA, PARA QUÊ?

Ação e missão para os homens e o mundo

Deus chama todos os homens à sua amizade e a participar como filhos de sua vida divina.

» O que a Igreja tem a ver com isso?

» Por que participar da Igreja? O que é participar da Igreja?

A Igreja continua a missão de Jesus no mundo, defendendo a vida em todas as suas dimensões. Muito além do ritual, a Igreja busca anunciar a mensagem cristã e promover uma sociedade humana e fraterna, para que o mundo torne-se, desde já, Reino de Deus.

Deus nos chama a fazer parte de sua família

No projeto de Deus, toda a humanidade é uma única família, a família de seus filhos, na qual cada um se sente "seu filho predileto", muito amado por Ele. A Igreja é essa família de Deus.

Para a Igreja, não somos apenas alguém que participa das celebrações. Ela se preocupa com a pessoa humana em sua totalidade – no aspecto físico, psicológico, social e espiritual. Não é uma preocupação abstrata, mas um compromisso com o homem, seu crescimento na fé e sua plena realização em todas as dimensões da vida. Por isso, a Igreja, isto é, nós temos uma dupla missão: a evangelização e a ação social. Afinal, nós continuamos no mundo a missão de Jesus!

Jesus Cristo, homem de palavra e de ação

"Eu vim para que tenham vida, e a tenham em abundância." Jo 10, 10b

A vida de Jesus de Nazaré é a chave para entender a dupla missão da Igreja. E, como Ele andou de cidade em cidade ensinando a Boa Nova do Reino de Deus e fazendo o bem, a Igreja deve agir para levar, como Jesus, vida em abundância para todos.

Ai de mim, se não evangelizar!

Proclamação da Palavra – Mc 16, 14-20

Evangelizar é a missão essencial da Igreja e o motivo principal dessa missão é o mandato de Jesus aos discípulos. Mas o serviço à pessoa humana e o compromisso com a justiça são parte indispensável da evangelização, são deveres cristãos.

Toda ação da Igreja fundamentada na missão de Jesus, o Bom Pastor, e visando a implantar o Reino de Deus, é uma Pastoral. Todas as Pastorais são instrumentos que a Igreja dispõe para influenciar o mundo, e têm por objetivo concretizar a mensagem do Evangelho nas estruturas sociais e no testemunho constante. Por isso, são tão importantes.

O apóstolo Paulo sentia uma necessidade irresistível de levar a outros a experiência que ele próprio havia feito do amor de Deus, e exclamou: "Ai de mim, se eu não anunciar o evangelho" (1Cor 9, 16c). Assim também, cada um de nós, ao experimentar o amor do Pai, ao aceitar seguir seu Filho Jesus, é chamado a partilhar seus dons, colocando-se a serviço e contribuindo para uma sociedade mais fraterna, mais parecida com a proposta de Jesus. São muitas frentes de trabalho e não podemos nos aquietar! Como batizados – membros de Cristo – e crismados – testemunhas de Cristo – somos chamados a agir, a ter gestos e atitudes para com amigos e conhecidos, desconhecidos e necessitados, para tornar Cristo sempre mais conhecido, amado e seguido.

Ir pelo mundo anunciar a Boa Nova

A missão da Igreja, a nossa missão, só pode ser entendida à luz da missão de Jesus, na qual justiça, compaixão e testemunho evangélico estão intimamente ligados. Todas as necessidades humanas podem ser vistas como oportunidades para manifestar o Reino, o amor de Deus pelos homens e a compaixão cristã, em palavras e obras.

Pastoral é serviço de quem segue Jesus

Participar de uma Pastoral é fazer o mesmo que Jesus fez. É participar de uma ação organizada em favor da vida plena para todos, atendendo situações específicas. Em cada comunidade, em cada paróquia, as frentes de trabalho são muitas, cada uma com sua linha de ação própria, mas todas com um mesmo objetivo: levar vida para todos. E, sendo tanto o trabalho necessário, há espaço para todos – adultos, jovens e até mesmo as crianças são bem-vindas e indispensáveis para que a Igreja cumpra sua missão.

Jornal da Pastoral

Vamos organizar um jornal falado da seguinte maneira: em grupos, vamos pesquisar sobre as Pastorais, Movimentos e Grupos de Serviço que atuam em nossa comunidade. Cada grupo vai ser responsável pela pesquisa e pela elaboração da síntese do trabalho que eles desenvolvem. Essa síntese será apresentada como uma notícia no Jornal da Pastoral.

É preciso escolher: os apresentadores do jornal falado e, também, alguns comentaristas, que terão a tarefa de mostrar os ensinamentos para nossa vida sobre o que faz cada Pastoral em favor da missão da Igreja e na melhoria da sociedade.

Para meditar

1Cor 13, 1-8a – a missão da Igreja no mundo.

Oração da semana

Senhor Jesus, tu me chamas para segui-lo. Eis-me aqui! Mostra-me a parte da tua missão que devo assumir. Tu prometeste estar sempre ao nosso lado. Quero, com a tua companhia, ir ao encontro dos irmãos para que se realizem os planos do Pai e todos tenham vida plena. Assim seja!

O que vi e ouvi leva-me a dizer

Celebração

NÃO TENHAM MEDO!

MOTIVAÇÃO

Escolhemos como tema para esta celebração uma frase do Papa Emérito Bento XVI em sua primeira homilia como Papa. Ele disse: "Caríssimos jovens, não tenhais medo de Cristo. Ele não tira nada, dá tudo!" Queridos jovens, que Cristo seja tudo para nós, em nós!

Canto

SAUDAÇÃO

Animador: Em nome do Pai e do Filho e do Espírito Santo.

Todos: Amém.

Animador: O Senhor, que encaminha os nossos corações para o amor de Deus e a constância de Cristo, esteja com todos vocês.

Todos: Bendito seja Deus que nos reuniu no amor de Cristo.

Animador: Rogando a Deus que, ao ouvir o chamado de Jesus, os jovens, do mundo todo, permaneçam com Ele, sem medo, peçamos a luz do Espírito de Deus, cantando.

Canto

ENCONTROS COM JESUS

Animador: O Senhor vem ao nosso encontro no momento e da maneira que Ele quer. Esse encontro acontece nos lugares mais comuns, no dia a dia de cada pessoa. Porque Ele não age conforme o nosso modo de pensar, somos surpreendidos. Jesus vem, mas precisa da nossa abertura e do nosso acolhimento.

Personagem 1: Quem é esse homem que chega e caminha entre nós? Parece tão sereno, tão decidido. Carrega em suas mãos um pão, fruto da terra e do nosso trabalho. Quem é esse homem? Vejam, ele parece me indicar alguma coisa. Ele me chama! Quem é ele? O que ele quer de mim? Como soube que me encontraria aqui? É mesmo a mim que ele chama?

Jesus: Vocês, façam isto em minha memória. Sim, você, você, você também. Eu quero vocês, eu os escolhi.

Personagem 2: Disse que antes mesmo de me formar no seio de minha mãe já me conhecia, já me havia feito profeta no mundo. Respondi que sou como criança, não sei falar. Mas não adiantou. Disse que não devo ter medo, porque está comigo para me defender. Disse que devo gritar para que o mundo ouça a sua palavra... Ah, Senhor! Tu me seduziste, eu me deixei seduzir! Já pensei em não abrir mais minha boca para falar em teu nome, mas um fogo queima dentro de mim, e não consigo calar... (cf. Jr 1, 4-6; 20, 7a.9)

Personagem 3: Minha alma exulta de alegria, grande é o Senhor! Ele olhou para mim, sua humilde serva, e fez para mim coisas grandiosas. Todas as gerações irão me chamar bem-aventurada! (cf. Lc 1, 46-49)

Personagem 4: "Simão, filho de João, tu me amas mais do que estes?" "Sim", respondi, "sim, tu sabes que eu te amo". Pediu que eu cuidasse do seu rebanho. Pela segunda vez me perguntou se eu o amo. E pela segunda vez, respondi que sim, que eu o amo. De novo me pediu para cuidar do seu rebanho. Pela terceira vez me perguntou: "Simão, tu me amas?" Triste, respondi que sim, que Ele sabe tudo, deve saber que eu o amo... E pela terceira vez Ele me pediu para cuidar do seu rebanho. (cf. Jo 21, 15-17)

Personagem 5: Quando me levaram à sua presença, encontrei-o sentado, ensinando o povo. Disseram-lhe que cometi adultério, perguntaram-lhe sobre meu castigo. Ele inclinou-se e escrevia no chão com o dedo. Insistiram aqueles que me acusavam. Ele disse que atirasse a primeira pedra quem não tivesse pecado. Todos foram embora, ficamos só nós dois. Ele também não me condenou. Suas palavras foram: vá e não peque mais. (cf. Jo 8, 1-11)

Personagem 6: Fui até Ele para saber o que fazer para ter a vida eterna. Respondeu-me para seguir os mandamentos. Ora, isso eu venho fazendo já há muito tempo! Perguntei o que me falta fazer. Respondeu-me para vender o que tenho e entregar aos pobres, e depois segui-lo... Mas, como posso fazer isso? (cf. Mt 19, 16-22)

Personagem 7: Eu seguia meu caminho perseguindo quem seguia o Senhor. De repente, uma luz que vinha do céu me atingiu e eu caí por terra. Ouvi uma voz que me chamava pelo nome e perguntava: "Por que me persegues?" Quando perguntei "Quem és tu, Senhor?", a voz respondeu-me: "Jesus, aquele a quem você persegue". Senhor, que queres que eu faça? E a voz me disse para levantar-me e seguir para a cidade... (cf. At 9, 3-6)

Animador: Queridos crismados, o encontro com Jesus acontece de muitas maneiras ao longo da nossa vida. Quando menos esperamos, Ele vem caminhar ao nosso lado, quer saber da nossa vida e nos chama. Ele nos quer seus discípulos. Conhecer Jesus é o melhor presente que podemos receber e encontrá-lo é o melhor que pode acontecer em nossa vida!

Canto

Animador: As palavras "Não tenham medo!" mostram uma forma de encarar a vida, na certeza de que o Senhor está ao nosso lado. Vamos ouvir o que o apóstolo Paulo nos diz sobre a vida perto do Senhor.

Canto de acolhida da Palavra

Proclamação da Palavra – Rm 8, 31-39

Leitor: Leitura da Carta de São Paulo aos Romanos.

Leitor: Palavra do Senhor.

Todos: Graças a Deus.

Animador: Permanecer com Jesus é o mais fascinante projeto que podemos abraçar, porque nos dá a certeza de não corrermos riscos, porque Ele nada nos tira, mas tudo nos dá. Permanecer com Jesus é não ter medo de encarar a vida, porque Ele, e só Ele, sabe o que está dentro de nós. Só Ele tem palavras de vida. Não tenhamos medo! Vamos abrir as portas da nossa vida a Cristo

Jesus. Diga a quem está ao seu lado: Não tenha medo, deixe Jesus falar a você, falar ao mundo!

Canto

Animador: Unidos a Cristo, rezemos como Ele nos ensinou: Pai-nosso, que estais nos céus...

BÊNÇÃO E DESPEDIDA

Animador: Irmãs e irmãos, queridos jovens, que Deus nos firme em sua alegria, agora e para sempre.

Todos: Amém.

Animador: Em nome do Pai e do Filho e do Espírito Santo.

Todos: Amém.

Animador: Louvado seja Nosso Senhor Jesus Cristo.

Todos: Para sempre seja louvado.

Canto de despedida

SOU LIVRE PARA FAZER O QUE QUERO?

Somos livres para viver

Somos cristãos, somos livres. Mas precisamos saber usar essa nossa liberdade, porque as nossas atitudes e ações não podem pisar na dignidade da pessoa humana. É preciso discernimento para nos afastarmos do que traz prejuízo (a nós ou ao outro) e contraria o amor de Deus por nós.

Deus nos deu a vida e muito mais: a inteligência, a liberdade, a capacidade de comunicação, a companhia de tantas pessoas... Tudo para vivermos felizes.

» Temos liberdade para usufruir de tudo isso?

» O que significa ser livre?

Deus nos criou livres

Como Pai, Deus nos deixa livres para escolher o caminho a seguir. Mas Ele é um pai bondoso e nos dá uma dica: escolher sempre a vida.

Fazer só aquilo que gostamos, não ter limites, pensar e dizer o que queremos, agir conforme a inspiração do momento – será que é isso a liberdade? Expor nossa vida e nossa intimidade nas mídias sociais, ser contra tudo o que nos parece antigo – isso é ser livre? Qual deve ser nossa referência para uma liberdade autêntica?

Jesus Cristo, um homem livre e libertador

"Foi para a liberdade que Cristo nos libertou. Permanecei, pois, firmes, e não vos sujeiteis outra vez ao jugo da escravidão." Gl 5, 1

Jesus viveu completamente livre, não se submeteu às imposições do mundo, nem buscou riquezas ou poder. Não aceitou nada que contrariasse a vontade do Pai ou impedisse o sonho do Reino entre os homens. Além de livre, Jesus também foi libertador, porque não aceitou que o homem perdesse sua capacidade de ser livre. Por isso, Ele afirmou: "A verdade vos libertará" (Jo 8, 32).

Isso que quero é bom para mim?

Proclamação da Palavra – 1Cor 6, 12-13

O apóstolo Paulo chama a atenção sobre nossas decisões e ações diante das alternativas e das pressões que o mundo oferece. Ele nos ensina que mais importante do que descobrir o que é permitido ou proibido é perceber o que nos faz bem e nos liberta.

Devemos pensar sobre o que fazemos com nossa liberdade e suas consequências para não sermos egoístas, procurando apenas nossos direitos ou satisfazendo desejos momentâneos, ainda que causando sofrimento a alguém. Precisamos entender que somos livres quando fazemos o que nos convém, e não fazendo tudo o que é permitido.

Importante é ser livre para viver!

Todos nós vivemos pressionados, somos cobrados pela sociedade, pela família, por nós mesmos. Buscamos a realização pessoal, queremos nos sentir felizes e realizados. O resultado disso é que ficamos escravos dessa busca incansável. Mas ser livre não é usar drogas e destruir a própria vida, nem aceitar tudo o que a mídia diz que é bom para nós. Ser livre não é viver de maneira irresponsável e descomprometida, não é expor-se nas redes sociais para sentir-se amado, nem querer impor aos outros a nossa verdade. Na busca pela felicidade, esquecemos que o mais importante não é ser livre de alguma coisa, mas ser livre para alguma coisa: para a vida, na liberdade que Jesus nos ensinou. Ser livre de, ser livre para... Que diferença!

Posso tudo, mas não devo, por amor a Deus!

Sessão "O nosso olhar"

Muitos questionamentos fazem parte da vida dos cristãos e ajudam a identificar se os caminhos escolhidos são os caminhos ensinados por Jesus. Alguns filmes nos questionam, por exemplo, sobre o que fazemos com nossa liberdade e as consequências das nossas decisões.

» Depois de assistirmos ao filme escolhido, vamos partilhar ideias a partir das seguintes questões: para tomar uma decisão pensamos a quem ela mais interessa, quem será beneficiado, quem poderá ser prejudicado, quais as suas consequências?

Para meditar

Jo 8, 31-32 – a liberdade de filho de Deus.

Oração da semana

Senhor Jesus, viver segundo a tua Palavra é um desafio! Sinto, muitas vezes, o peso dos apelos do mundo. Firma meus passos, guia-me na fé. Dá-me entendimento e força diante das dificuldades, discernimento e sabedoria para compreender os acontecimentos. A ti, Jesus, toda honra, toda glória, hoje e sempre. Amém.

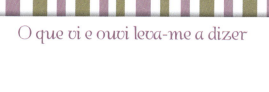

O que vi e ouvi leva-me a dizer

POLÍTICA, SIM. POR QUE NÃO?

Realizar o bem de todos

A política é uma maneira de viver o compromisso cristão a serviço dos outros, uma forma de caridade, fiel aos ensinamentos de Jesus. Discernindo os sinais dos tempos, o político cristão age em favor da construção do Reino de Deus.

Ser cristão é viver uma religião de comunidade, não de individualismo, entendendo as implicações sociais dos dons que recebemos de Deus.

» O que é política?

» Existe relação entre a política e os ensinamentos de Jesus?

Deus criou o mundo e nos fez seus cuidadores

Deus nos criou para dominarmos, isto é, para cuidarmos da sua criação. Isso é bem mais do que cuidar da natureza! Na verdade, devemos ser responsáveis pela vida, em todas as situações, zelando pelo bem de todas as pessoas.

Cada pessoa tem responsabilidade sociopolítica. Isto significa que cada um de nós, cristãos, vivendo nossa fé de maneira autêntica, tem um compromisso social e transformador da realidade. A luta pela justiça e a participação na transformação do mundo estão claramente presentes nos ensinamentos de Jesus Cristo.

Jesus Cristo, um político verdadeiro

"Felizes os que têm fome e sede de justiça, porque serão saciados."

Mt 5, 6

Jesus não tinha uma plataforma política, mas seus ensinamentos tiveram influência sociopolítica na comunidade. Ele ofereceu Boas Novas aos pobres, liberdade para os oprimidos e vida plena a todos.

Como uma pessoa faminta que faz qualquer coisa para matar a fome, assim devemos ser em relação à justiça, é o que diz Jesus. A fome de justiça deve aparecer nas relações com os outros e na prática da justiça para todos. Mas não se trata de condenar infratores ou desejar vingança. A justiça a que Jesus se refere está relacionada a ações transformadoras do mundo à nossa volta, na busca do bem comum.

Agir, pela fé, em vista do bem comum

Proclamação da Palavra – Tg 2, 14-26

A unidade entre crer e agir, para o cristão, assim como a alma e o corpo no homem, é instrumento de transformação do mundo. São Tiago afirma que a fé sem obras é morta e, pela fé, é possível uma ação libertadora, construtora da justiça, promotora da paz, em vista do bem de todos – uma ação política. Por isso, se compreendermos a política como ação pelo bem comum, não dá para separar fé e política. Ao contrário, a Boa Nova de Jesus avança quando a política é séria e comprometida com o bem de todos.

A política é uma forma da caridade

Os cristãos leigos são homens e mulheres da Igreja no coração do mundo, e homens e mulheres do mundo na Igreja, que devem contribuir para transformar realidades e criar estruturas sociais segundo os critérios do

Evangelho. É fácil apontar culpados para situações que nos envergonham e entristecem, mas é preciso perguntar: o que eu posso fazer para mudar o que aí está? Não podemos simplesmente lavar as mãos; pelo contrário, devemos ter práticas concretas que contribuam para a vida e o bem comum. Por isso, a Igreja reconhece a importância da atuação dos leigos na política e incentiva sua participação em diferentes setores (DGAE 2011-2015 n.71).

Os cristãos têm uma missão no mundo social e político

A política deve ser vista como consequência de uma fé consciente e madura. Como cidadãos do mundo, temos a missão de trabalhar, à luz do Evangelho, para que o projeto de Deus aconteça entre nós. Portanto: fé autêntica e política verdadeira não podem ser separadas. E nem precisamos ser filiados a um partido político para fazer política. Porque a política é a luta pelo bem de todos, e isso cada um pode fazer mantendo o olhar atento ao mundo à sua volta e tendo atitudes concretas de transformação!

Programa Eleitoral

Dá para acreditar em alguém que se diz eletricista e não consegue trocar uma lâmpada? É isso que São Tiago questiona: Como alguém diz que tem fé se nada faz em favor da vida, não age pelo bem de todos?

Vamos nos dividir em grupos e representar partidos políticos cristãos. No seu grupo, cada um apresenta sua proposta como candidato. Cada partido deverá ter um nome e deverá construir seu programa de governo a partir de algumas propostas dos candidatos, apontando suas prioridades. No "Programa Eleitoral", os partidos irão apresentar suas propostas de governo para um debate para todos os presentes.

Para meditar

Mc 10, 33-35 – o sentido do poder e do serviço.

Oração da semana

Senhor Jesus, neste mundo tão dividido, com tantos esquecidos, dá-me sabedoria para perceber o que posso fazer, coragem para agir e amor para ver em cada pessoa um irmão. Que eu não fuja da minha responsabilidade e faça da minha fé a minha força. Amém.

O que vi e ouvi leva-me a dizer

PRECONCEITO? JAMAIS!

Todos somos iguais

Para um discípulo de Cristo, olhar cada pessoa sem lhe colocar rótulos ou separá-la de nós é imitar o Mestre, é viver a igualdade.

» Isso significa viver sem preconceito, sem discriminar.

» O que é preconceito? O que é discriminação?

> Todas as pessoas são imagem e semelhança de Deus e, assim, merecem igual respeito. Diferenças de gênero, raça, aspecto físico, condição social, ou qualquer outra não podem ser usadas para justificar diferentes oportunidades ou tratamentos.

Deus é a favor do ser humano

Deus não tem preferência por algumas pessoas, porque todos fomos criados por Ele e somos por Ele amados. Mas somos tão diferentes! Essas diferenças entre nós também vêm de Deus – Ele quis nos fazer tão diferentes que é impossível encontrar uma pessoa exatamente igual a outra. É uma amostra da riqueza e da beleza da humanidade!

Muito se fala sobre igualdade entre todos os homens e mulheres, mas a realidade é que situações de preconceito e discriminação são bastante frequentes. O outro é julgado rapidamente se, em algum aspecto, nós o percebemos diferente do que somos, do que pensamos. Esquecemos o ensinamento maior de Jesus: amar a todos, sem fazer distinção entre as pessoas, dedicar nosso tempo e interesse da mesma maneira a qualquer pessoa, sem preconceito, sem rótulo, sem discriminação.

Jesus Cristo, homem entre os homens

"Tudo quanto desejais que os outros vos façam, fazei-o, vós também, a eles."

Mt 7, 12

Jesus tinha um grupo de amigos muito próximos, mas sempre deu atenção a todas as pessoas que dele se aproximavam, sem demonstrar preferências nem discriminar alguém. Ele rompeu com preconceitos e tabus que geravam intolerância e segregação. Jesus não valorizava a aparência, mas o coração de quem o procurava e amava cada um do jeito que era. Ele ensinou a tratar cada pessoa como queremos ser tratados. E quem quer ser discriminado ou sofrer preconceito por não ser como o outro acha que deveria ser?

Ter preconceito é ignorar o amor de Deus

Proclamação da Palavra – Tg 2, 1-9

Amor fraterno sem discriminação: essa é a forma de relacionar-se com os outros segundo o mandamento do amor que Jesus nos deixou. São Tiago, com o exemplo do pobre e do rico, escreve apontando a prioridade do amor fraterno para com todos, sem julgar segundo as aparências humanas. Porque a fé em Jesus Cristo não dá espaço para pesos ou medidas diferentes diante da dignidade dos homens.

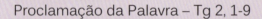
Deus não vê como vê o homem

Preconceitos de gênero, de raça, sociais, religiosos, culturais são comuns entre nós e se manifestam como discriminação de pessoas, lugares ou tradições que vemos como diferentes ou até mesmo "estranhos".

Jesus não se omitiu, não fugiu de enfrentar os pré-conceitos impostos, não ignorou quem era discriminado. Ele também criou situações nas quais enfrentou junto com os discípulos o preconceito, principalmente religioso: quando os discípulos comeram sem lavar as mãos, ao curar no sábado, ao perdoar uma mulher adúltera... Era uma maneira de fazer com que as pessoas vissem aquilo que o preconceito não as deixava ver.

> Não deixe o preconceito cegar você!

Piadas vistas como inocentes podem ser o começo da intolerância. A repetição de julgamentos superficiais, o medo do desconhecido ou do novo, levam ao preconceito, à discriminação e à marginalização. E para combater o preconceito é preciso mais do que fazer pose nas mídias ou repetir slogans de campanhas: é preciso atitude no dia a dia!

Vídeo Debate

O vídeo que iremos ver trata do tema do preconceito e da discriminação. Vamos pensar sobre os conceitos e situações que são apresentados e partilhar nossas ideias.

Para meditar

1Sm 16, 7 – olhar para o outro

Oração da semana

Senhor Jesus, tu nos deixaste o mandamento do amor. Que bom seria se todos nos olhássemos como iguais, sem ver diferenças que não existem! Afasta do meu pensamento e do meu coração a tentação de julgar e discriminar qualquer pessoa. Dá-me o teu olhar para meu irmão, Jesus! Amém.

O que vi e ouvi leva-me a dizer

15
É CONTRA A VIDA?
TÔ FORA!

A vida em primeiro lugar

A vida é nosso bem maior e deve ser protegida de todas as formas. É um dom sagrado recebido de Deus.

» ○ que é a vida?

» ○ que significa dizer que a vida é sagrada?

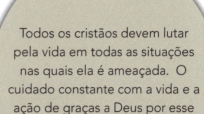

Todos os cristãos devem lutar pela vida em todas as situações nas quais ela é ameaçada. O cuidado constante com a vida e a ação de graças a Deus por esse dom que dele recebemos são atitudes do cristão.

Deus é o Senhor da Vida

Como criaturas de Deus, nossa existência guarda a ação criadora dele. Portanto, a vida de cada pessoa tem um valor extraordinário, seja de um nascituro (que ainda não nasceu) ou de um idoso; de uma boa pessoa ou de um bandido cruel.

Às vezes esquecemos que todos os nossos direitos dependem do reconhecimento daquele que é o primeiro e mais fundamental: o direito à vida, inseparável da natureza humana. Por isso, ninguém pode dispor da vida de outro segundo sua vontade, mesmo com "razões" disfarçadas de humanitarismo, apresentadas como "solução final" ou ligadas a interesses financeiros ou grupos ideológicos. Quando o homem se coloca como senhor de tudo o resultado são os ataques frequentes à vida. A violência atinge a todos, principalmente os mais indefesos. Mas há muito mais: exploração, uso de drogas lícitas e ilícitas, tortura, terrorismo, guerras, pena de morte, eutanásia, clonagem, manipulação genética, aborto... Essa lista parece apagar a promessa de vida plena...

Jesus Cristo, fonte de vida

"mas quem beber da água que eu darei, nunca mais terá sede, porque a água que eu darei se tornará nele uma fonte de água jorrando para vida eterna."

Jo 4, 14

Na vida temos muitas necessidades, mas, muitas vezes, deixamos escapar o que realmente é importante e nos ocupamos com o que é supérfluo ou interessa apenas ao nosso modo particular de viver. Jesus revela-se dom e doador da água viva. Ele ensina à samaritana e a nós que a água que Ele dá sacia definitivamente nossa sede – de felicidade, de amor, de vida plena, porque Ele é a fonte de vida.

Jesus Cristo dá sentido à vida humana

Proclamação da Palavra – Mt 12, 1-14

Jesus anuncia a vida, dá-lhe sentido e valor, cura e devolve a dignidade. Com seus milagres, Ele se posiciona como defensor da vida. Com suas palavras e suas atitudes, mostra que a existência humana é mais preciosa que tudo e, também, que preservá-la é mais importante do que qualquer outra decisão nossa. Jesus denuncia as formas de opressão que diminuem o valor da vida – como a proibição de curar no dia de sábado ou de matar a fome. Jesus é firme, claro. Suas atitudes não deixam dúvida: a vida precisa ser protegida e respeitada em todas as suas manifestações.

Para Deus a vida humana é o maior valor sobre a Terra

Se perguntarmos o que é viver, ouviremos: é ter saúde, é ter dinheiro, é ser feliz, é morar e comer bem, é ter lazer, é ter educação, é sonhar... Não está errado, mas será que isso é tudo? Hoje a vida é pensada e defendida com critérios racionais, e não mais como algo sagrado, dom do Criador. A sociedade quer que acreditemos que só vale a pena viver com prazer, poder e satisfação pessoal. Os doentes em estágio terminal, os indesejados e tantos outros seres humanos são deixados de lado porque não se encaixam na lógica do que vale a pena.

A dignidade humana é algo que pertence a todos os homens, é um direito natural. O homem merece respeito incondicional, absoluto, independentemente do que ele possua ou da sua aparência. Por isso, é tarefa irrenunciável da Igreja, isto é, de todos nós, manifestar a dignidade inviolável de toda pessoa humana. Como Jesus, devemos ser insistentes em dizer que o Reino de Deus é projeto de vida oferecido a todos e que deve ser promovido por todos...

Que valor tem a vida?

Deus não nos quer alheios às ameaças, à vida. Ele quer nosso compromisso e protagonismo em sua defesa e em sua promoção, ajudando a transformar a realidade para que a vida humana aconteça sempre segundo o seu projeto – vida em abundância para todos.

Debate: Eu sou vivo, defendo a vida

Vamos debater quatro situações contrárias à vida: o aborto, a eutanásia, o uso de drogas e a violência urbana. No debate, vamos procurar conhecer mais sobre esses ataques à vida e suas consequências e pensar maneiras de conscientização e de luta contra cada um deles.

Para meditar

Sl 35(36), 6-10 – a vida em Deus.

Oração da semana

Senhor meu Deus, Criador e fonte de tudo o que existe, quanto vos deve entristecer cada ataque à vida! Abre minha mente e meu coração aos ensinamentos de vosso Filho, fortalecei-me para que eu lute em defesa daqueles cujo direito à vida é tirado e dai vida plena para todos. Amém!

O que vi e ouvi leva-me a dizer

16 SOU CIDADÃO DOS CÉUS NO MEIO DO MUNDO

Fazer tudo para a glória de Deus!

Trabalho, emprego, profissão, vocação. Muitas vezes usamos essas palavras. Mas há diferença entre elas?

» **P**rocuramos um emprego ou um trabalho?

» **S**erá que cada um de nós tem mesmo uma vocação?

Profissão é escolha pessoal para exercer um trabalho; vocação é chamado de Deus para uma missão. Para nós, cristãos, a profissão não pode ser entendida apenas como um trabalho ou meio de subsistência. Nossa profissão nasce de uma vocação que deve ser vivida como serviço aos irmãos.

Deus conta com você também

Deus tem uma missão especial para cada pessoa. Esse chamado é a vocação. É preciso abrir a mente e o coração para escutar Deus, que chama a descobrir nossa vocação pessoal. Ele põe tudo à nossa disposição para que, do nosso jeito, com nossas escolhas, em nossa realidade, façamos da nossa vida um serviço ao outro, um serviço à vida.

Cada pessoa é chamada por Deus à vida (vocação à existência), a ser pessoa humana (vocação humana), a ser cristão pelo Batismo (vocação cristã). Além dessas vocações (*chamados*), que se somam, recebemos uma específica ao ministério ordenado (sacerdotes e bispos), à vida religiosa ou à vida de leigos. As vocações manifestam-se nas etapas da vida, no modo de viver e na profissão. Os leigos são chamados a testemunhar e anunciar o Reino exercendo sua vocação na profissão que abraçam. Da mesma maneira que Jesus...

Jesus Cristo viveu sua vocação

"quer comais, quer bebais, quer façais qualquer outra coisa, fazei tudo para a glória de Deus."

1Cor 10,31

Jesus Cristo, em sua vida terrena, glorificou o Pai com seus milagres, curas e feitos grandiosos. Mas também nas pequenas coisas e com suas atitudes, Jesus glorificava Deus Pai, concentrando-se na sua vontade. Assumindo sua vocação, Jesus glorificava o Pai realizando a missão que havia recebido. Esse é o resumo da sua vida! Imitando Jesus, tudo o que fazemos deve ser para a glória de Deus.

A quem muito tem será dado muito mais!

Proclamação da Palavra – Mt 25, 14-30

Os talentos, na parábola que Jesus conta, referem-se aquilo que o Espírito Santo planta em nós na forma de dons, competências e habilidades. Deus nos vê como realmente somos e dele recebemos talentos conforme nossa capacidade. E como temos capacidades diferentes, somos diferentes, cada um de nós busca realizar-se em profissões diferentes. Graças a Deus por isso! Exercendo nossa profissão com empenho e honestidade, assumindo as responsabilidades que ela nos exige, multiplicamos os talentos recebidos.

Fazer tudo com o coração!

Fazer tudo com o coração é empenhar-se para fazer o melhor, é caprichar, dar tudo de si. Não dá para ficar alienado das realidades do mundo, é preciso compromisso com os irmãos. Cada pessoa possui uma tarefa intransferível, é convocada a testemunhar que é única. Para isso, é preciso conhecer a si mesmo, suas próprias qualidades e suas tendências e, assim, pensar um caminho de vida. Escolher esse caminho exige muito mais que escolher uma determinada profissão. Profissão tem a ver com preparo, competência, sustento, função social, reconhecimento externo. Tudo isso pressupõe decisão pessoal, chamado interior, realização, paixão pelo que faz, isto é, pressupõe vocação. Da profissão nos aposentamos, mas a vocação é tarefa em constante realização!

No exercício da profissão escolhida, colaborar, partilhar e crescer são palavras-chave que ajudam o outro a crescer também. Como cidadãos do mundo, nos confrontos diários, nas relações profissionais e sociais, colocando-nos a serviço dos homens, agimos para a glória de Deus.

Para que Deus me chama?

Se a profissão é fazer, a vocação é viver. Por isso, só nos sentiremos realizados na profissão escolhida se a aceitarmos como vocação. As vocações são caminhos diferentes para cada um e têm uma história que acontece na vida concreta e pela mediação de algumas pessoas.

Histórias e memórias

Vamos convidar algumas pessoas para que nos contem como descobriram sua vocação. O poema "Verbo Ser", de Carlos Drummond de Andrade, será inspiração para as entrevistas que faremos. Leia o poema, partilhe os sentimentos que ele desperta em você. Motivado por esses sentimentos, elabore questões para os entrevistados.

VERBO SER

Que vai ser quando crescer? Vivem perguntando em redor.
Que é ser? É ter um corpo, um jeito, um nome? Tenho os três. E sou?
Tenho de mudar quando crescer? Usar outro nome, corpo e jeito?
Ou a gente só principia a ser quando cresce? É terrível, ser? Dói? É bom? É triste?
Ser; pronunciado tão depressa, e cabe tantas coisas!
Repito: Ser, Ser, Ser. Er. R. Que vou ser quando crescer?
Sou obrigado a? Posso escolher? Não dá para entender.
Não vou ser. Vou crescer assim mesmo. Sem ser Esquecer.

Para meditar

1Cor 12, 4-11 – as manifestações do Espírito.

Oração da semana

Senhor Deus, enviai vosso Santo Espírito para que eu saiba escutar vosso chamado e abrir-me à minha vocação. Quero descobrir como servir a meus irmãos e construir o Reino já neste mundo. Como vosso Filho Jesus, tudo o que eu fizer, Senhor, que seja para vossa glória!

O que vi e ouvi leva-me a dizer

Celebração

TU OLHAS PARA MIM, EU OLHO PARA TI

Refrão medidativo

Animador: Hoje somos convidados a estar com Jesus. É um momento de fé e de união entre nós e com Cristo Jesus. Diante do Senhor, vamos nos deixar envolver por sua presença, vamos curtir nossa intimidade com Ele, abrir-lhe nosso coração. Jesus se faz presente na Eucaristia e na Palavra para alimentar nossa vida de fé e de compromisso com nossos irmãos. Deus, que nos ama com amor de predileção, nos chama e nos reúne. Estamos reunidos em nome do Pai e do Filho e do Espírito Santo.

Todos: Amém!

Animador: Vamos nos colocar diante do Cristo Eucarístico. São momentos de silêncio, de oração, de escuta da Palavra, de reflexão, de louvor e agradecimento. São João Paulo II nos exortava a estar com Jesus Eucarístico "inclinados sobre o seu peito como o discípulo predileto, deixando-nos tocar pelo amor infinito do seu coração". Permaneçamos em silêncio, em oração pessoal, em adoração e em agradecimento. Diante do Cristo Sacramentado vamos abrir nossas mentes e nossos corações ao amor de Deus; vamos dizer como nos sentimos, como vivemos e como queremos viver nossa fé.

Canto

Animador: A Palavra de Deus, assim como a Eucaristia, é, também, alimento para a nossa vida. Ela nos mostra a vontade de Deus a respeito de cada um de nós, nos caminhos por onde seguimos.

CANTO DE ACLAMAÇÃO

Proclamação da Palavra – Lc 24, 13-35

Leitor: Proclamação do Evangelho de Jesus Cristo segundo Lucas.

Leitor: Palavra da Salvação.

Todos: Glória a vós, Senhor!

Animador: Os discípulos voltam para casa, desanimados, sem esperança. Jesus vai até eles, na realidade que enfrentam, e os encontra no caminho. Olhemos para nós, pensemos em nossa caminhada de fé. Diante de nossas dúvidas, inquietações e acomodações, Jesus vem ao nosso encontro, faz-se companheiro. Ele quer nos ajudar a compreender o mistério do amor de Deus. Ele cumpre sua promessa de estar sempre conosco até o final dos tempos (cf. Mt 28,20).

Refrão cantado: Fica conosco, Senhor! É tarde e a noite já vem. Fica conosco, Senhor, somos teus seguidores também.[1]

Oração: Senhor Jesus, dá-nos a graça de perseverar na busca do teu amor e da tua Palavra de vida. Por isso, nós te pedimos: fica conosco, Senhor.

Animador: Jesus, luz do mundo, caminha com os discípulos de Emaús e mostra, "começando por Moisés e seguindo por todos os profetas", como as Escrituras conduzem ao mistério da sua pessoa (cf. Lc 24,27). Suas palavras fazem arder o coração dos discípulos, tiram-nos da escuridão da tristeza e do desânimo, despertam o desejo de permanecer com Ele.

Refrão cantado: Fica conosco, Senhor! É tarde e a noite já vem. Fica conosco, Senhor, somos teus seguidores também.

Oração: Senhor Jesus, tu fazes arder o nosso coração com a tua Palavra e a tua presença entre nós. Ajuda-nos a compreender que participar da Eucaristia é sinal de compromisso contigo e com os irmãos.

Animador: Foi no gesto simples da fração do pão que os dois discípulos reconheceram o Senhor. Os sinais falam, ajudam a desvendar o mistério. Diante da Eucaristia, devemos ter consciência de que estamos na presença do próprio Cristo. Pela Eucaristia realiza-se a promessa que Jesus fez de ficar conosco até ao fim do mundo.

---

[1] JOÃO CARLOS, Pe. Fica conosco, Senhor. CD: Verde Conquista. São Paulo: Paulinas, 1997.

Refrão cantado: Fica conosco, Senhor! É tarde e a noite já vem. Fica conosco, Senhor, somos teus seguidores também.

Animador: Quando os discípulos pedem a Jesus que fique com eles, recebem como resposta um dom muito maior, a Eucaristia, porque receber a Eucaristia é entrar em comunhão profunda com Jesus. E Ele mesmo disse que se permanecermos nele, Ele permanecerá em nós (cf. Jo 15, 4).

Refrão cantado: Fica conosco, Senhor! É tarde e a noite já vem. Fica conosco, Senhor, somos teus seguidores também.

Oração: Nós te adoramos, Senhor Jesus, neste Santíssimo Sacramento, prova do teu amor por nós. Tu quiseste ficar conosco para que pudéssemos caminhar contigo. Sede, ó Jesus, nosso alimento, ajuda-nos a participar sempre da tua mesa.

Animador: Depois de reconhecer o Senhor, os discípulos partiram imediatamente (cf. Lc 24, 33) para comunicar o que tinham visto e ouvido. Pois quando se faz uma verdadeira experiência com o Cristo, não se consegue guardar a alegria sentida: é preciso anunciar. O encontro com Cristo, continuamente aprofundado na intimidade com a Eucaristia, desperta em cada discípulo a vontade de testemunhar e evangelizar.

Refrão cantado: Fica conosco, Senhor! É tarde e a noite já vem. Fica conosco, Senhor, somos teus seguidores também.

Animador: Cheios de alegria e de gratidão, vamos permanecer em silêncio, diante de Jesus presente e vivo no Santíssimo Sacramento. Vamos contar a Jesus nossos sonhos, nossas preocupações, nossas tristezas e alegrias. Ele recebe tudo, e tudo quer viver conosco.

(silêncio)

ADORAÇÃO

Ministro: Graças e louvores sejam dados a todo momento! (3 x)

Todos: Ao Santíssimo e Digníssimo Sacramento!

Animador: (após cada invocação, todos repetem)

- » Jesus, eu acredito na Tua presença.
- » Jesus, transforma a minha fé.
- » Jesus, acompanha-me em todos os momentos da minha vida.

Canto

Animador: Do céu lhe destes o Pão.

Todos: Que contém todo sabor.

Canto

Todos: Jesus, foi bom estar contigo! Quero te amar sempre mais, quero amar também nossos irmãos. Que a tua Palavra e a Eucaristia sustentem minha caminhada cristã e nossa comunidade. Quero proclamar, com alegria, que sou teu, Senhor Jesus! Agora vamos alegres, e tu vais conosco.

BÊNÇÃO FINAL

Animador: O Senhor nos abençoe e nos guarde.

Todos: Amém!

Animador: O Senhor faça brilhar sobre nós a sua face e nos seja favorável.

Todos: Amém!

Animador: O Senhor dirija para nós o seu rosto e nos dê a paz.

Todos: Amém!

Animador: Em nome do Pai e do Filho e do Espírito Santo.

Todos: Amém!

Animador: Louvado seja Nosso Senhor Jesus Cristo.

Todos: Para sempre seja louvado!

CULTURAL
Administração
Antropologia
Biografias
Comunicação
Dinâmicas e Jogos
Ecologia e Meio Ambiente
Educação e Pedagogia
Filosofia
História
Letras e Literatura
Obras de referência
Política
Psicologia
Saúde e Nutrição
Serviço Social e Trabalho
Sociologia

CATEQUÉTICO PASTORAL
Catequese
Geral
Crisma
Primeira Eucaristia

Pastoral
Geral
Sacramental
Familiar
Social
Ensino Religioso Escolar

TEOLÓGICO ESPIRITUAL
Biografias
Devocionários
Espiritualidade e Mística
Espiritualidade Mariana
Franciscanismo
Autoconhecimento
Liturgia
Obras de referência
Sagrada Escritura e Livros Apócrifos

Teologia
Bíblica
Histórica
Prática
Sistemática

REVISTAS
Concilium
Estudos Bíblicos
Grande Sinal
REB (Revista Eclesiástica Brasileira)
SEDOC (Serviço de Documentação)

VOZES NOBILIS
Uma linha editorial especial, com importantes autores, alto valor agregado e qualidade superior.

VOZES DE BOLSO
Obras clássicas de Ciências Humanas em formato de bolso.

PRODUTOS SAZONAIS
Folhinha do Sagrado Coração de Jesus
Calendário de mesa do Sagrado Coração de Jesus
Agenda do Sagrado Coração de Jesus
Almanaque Santo Antônio
Agendinha
Diário Vozes
Meditações para o dia a dia
Encontro diário com Deus
Guia Litúrgico

CADASTRE-SE
www.vozes.com.br

EDITORA VOZES LTDA.
Rua Frei Luís, 100 – Centro – Cep 25689-900 – Petrópolis, RJ
Tel.: (24) 2233-9000 – Fax: (24) 2231-4676 – E-mail: vendas@vozes.com.br

UNIDADES NO BRASIL: Belo Horizonte, MG – Brasília, DF – Campinas, SP – Cuiabá, MT
Curitiba, PR – Florianópolis, SC – Fortaleza, CE – Goiânia, GO – Juiz de Fora, MG
Manaus, AM – Petrópolis, RJ – Porto Alegre, RS – Recife, PE – Rio de Janeiro, RJ
Salvador, BA – São Paulo, SP